Paul Krumtorad

S. 2. 1981

Sascha Liebermann

Autonomie, Gemeinschaft, Initiative
Zur Bedingtheit eines bedingungslosen Grundeinkommens.
Eine soziologische Rekonstruktion

Impulse für eine unternehmerische Gesellschaft
Hrsg.: Interfakultatives Institut für Entrepreneurship (IEP)
des Karlsruher Instituts für Technologie
Band 4

Autonomie, Gemeinschaft, Initiative

Zur Bedingtheit eines bedingungslosen Grundeinkommens
Eine soziologische Rekonstruktion

von
Sascha Liebermann

Impressum

Karlsruher Institut für Technologie (KIT)
KIT Scientific Publishing
Straße am Forum 2
D-76131 Karlsruhe
www.uvka.de

KIT – Universität des Landes Baden-Württemberg und nationales
Forschungszentrum in der Helmholtz-Gemeinschaft

KIT Scientific Publishing 2010
Print on Demand

ISSN: 1866-2218
ISBN: 978-3-86644-471-3

Inhaltsverzeichnis

Vorwort

Autonom handlungsfähig wird ein Individuum nur in und durch konkrete Vergemeinschaftung. Die Ontogenese kann deshalb auch als Prozess der Krisenbewältigung betrachtet werden, die immer zugleich Erneuerung eines Gemeinwesens ist. So lautet eine These der vorliegenden Publikation.

Mit der Schriftenreihe „Impulse für eine unternehmerische Gesellschaft" soll das Verhältnis des einzelnen, unternehmerischen Menschen und der Gesellschaft aus interfakultären Perspektiven ausgeleuchtet werden. Aus unternehmerischer Perspektive ist der Einzelne das initiativ-innovative Element und die (sozial-)staatlich verfasste Gesellschaft das tragende Element im positiv subsidiären Sinn: Die Gesellschaft ermöglicht dem Einzelnen die Entfaltung seiner Begabungen, mit denen er wiederum in Freiheit der Gesellschaft zu Diensten steht.

Rudolf Steiner formuliert dies im soziologischen Grundgesetz wie folgt:

> *„Die Menschheit strebt im Anfange der Kulturzustände nach Entstehung sozialer Verbände; dem Interesse dieser Verbände wird zunächst das Interesse des Individuums geopfert; die weitere Entwicklung führt zur Befreiung des Individuums von dem Interesse der Verbände und zur freien Entfaltung der Bedürfnisse und Kräfte des Einzelnen. "*

Aus unserer Sicht handelt es sich beim bedingungslosen Grundeinkommen um eine soziale Innovation, für die im Werden befindliche nachindustrielle Gesellschaft (Daniel Bell, 1973), mit der sich die wandlungsbedingte Krise der Gesellschaft kreativ bewältigen lässt. Der seit den 1970er Jahren im Gang befindliche Wandel stellt die Staatsorgane und damit Politik und Politiker vor gewaltige Managementprobleme. Um so wichtiger ist es im wissenschaftlichen wie auch im gesellschaftlichen Kontext, das Verhältnis von Autonomie, Gemeinschaft und Initiative aus soziologischer Perspektive zu erörtern. Die Diskussion um ein bedingungsloses Grundeinkommen kann damit aus finanz-, steuer- und sozialtechnologischen Spezialgebieten herausgeholt werden, damit das Verhältnis von Individuum (dem einzelnen Bürger) und der im Staat verfassten Gesellschaft zukunftsweisend diskutiert werden kann.

Wenn das Leben schon weiter ist als die Gesetze, dann darf das Denken der gesellschaftlichen Realität nicht länger hinterherhinken.

Prof. Götz W. Werner, Institutsleiter

Einleitung[1]

Seit einigen Jahren wird in Deutschland intensiv über die Idee einer Einkommensgarantie – auch bedingungsloses, unbedingtes, garantiertes und allgemeines Grundeinkommen oder Bürgergeld genannt – öffentlich diskutiert. Zwar hat diese Debatte nicht, vielleicht noch nicht, die tägliche Berichterstattung erreicht. Der Umfang an Stellungnahmen und Gestaltungsvorschlägen von Parteien und parteinahen Stiftungen, Verbänden sowohl der Arbeitgeber- als auch der Arbeitnehmerseite, aus der Wissenschaft sowie zahlreicher, wenn auch sporadischer Berichterstattungen in den Medien erlaubt es hingegen von einer erheblichen Resonanz der Idee in ihren mannigfaltigen Erscheinungen zu sprechen. Das unterscheidet sie von der vor allem akademischen Diskussion der achtziger Jahre in Deutschland. Überraschend ist auch, wie die Diskussion in Gang gekommen ist. Es waren im Wesentlichen parteiunabhängige Aktivisten und Initiativen, die sie angestoßen und wichtige Impulse gegeben haben; in Österreich kommt der Katholischen Sozialakademie eine besondere Bedeutung hierbei zu, in der Schweiz ist es vor allem eine Initiative in Basel, die der Idee Öffentlichkeit verschafft hat. In den meisten übrigen europäischen Ländern wird vorwiegend akademisch räsoniert, eine öffentliche Debatte gibt es kaum.

Häufig anzutreffen ist in der Diskussion ein sozialtechnologischer oder funktionalistischer Zugang zum Grundeinkommen. Es werden Finanzierungsprobleme gegenwärtiger Systeme sozialer Sicherung der Finanzierbarkeit eines Grundeinkommens gegenübergestellt und für letzteres plädiert. Auch wird das Grundeinkommen nicht selten danach beurteilt, wie es sich in einer finanzwissenschaftlich-mathematischen Simulation auf der Basis bestimmter Annahmen darstellt, ohne dass diese Annahmen selbst reflektiert werden. Arbeitsmarkt- und sozialpolitische Vorteile werden herausgestellt wie die Bekämpfung von Arbeitslosigkeit und Armut, die Abkehr von der Illusion einer wieder erreichbaren Vollbeschäftigung, die Kostenentlastung von Unternehmen sowie der Abbau von Bürokratie. Komplementär dazu werfen Kritiker – durchaus gezielt entstellend (z.B. SPD 2009) – dem Grundeinkommen vor, es sei bloß eine Geldleistung und würde den Aufgaben sozialpolitischer Gestaltung nicht gerecht. Gleichwohl stellen sie heraus, dass es durchaus auf gegenwärtige Probleme eine Antwort böte (Sachverständigenrat 2007).

All die genannten Aspekte lassen sich zwar mühelos mit dem Grundeinkommen verbinden, erlauben aber noch keine systematische Betrachtung dazu,

---

[1] Für Anmerkungen danke ich Rayd Khouloki und Ludwig Paul Häußner.

wie es sich zu den Voraussetzungen demokratischer politischer Ordnung verhält, auf denen Nationalstaaten ruhen. Erst vor diesem Hintergrund werden diese Aspekte relevant. Dazu muss untersucht werden, wie sich politische Vergemeinschaftung, die den Nationalstaat trägt, konstituiert, welche Struktur von Anerkennung ihr innewohnt. Sie drückt sich auch darin aus, welche Stellung ein Gemeinwesen der Position des Bürgers in den Systemen sozialer Sicherung einräumt. Zu rekonstruieren gilt es, ob Sicherungssysteme und Voraussetzungen politischer Herrschaft in einem Entsprechungsverhältnis stehen, ob sie sich, anders ausgedrückt, autonomiefördernd oder -hemmend auswirken und wie sich demgegenüber das bedingungslose Grundeinkommen darstellt.

Ist der Blick auf diesen Zusammenhang gerichtet, lässt sich die notorische Finanzierungsfrage reformulieren. Es geht dann nicht mehr um Rechensimulationen auf der Basis definierter Annahmen, sondern darum, was die Voraussetzungen für die Erzeugung von Gütern und Dienstleistungen sind, weshalb Bürger überhaupt bereit sind, sich für ein Gemeinwesen einzusetzen und wovon ein solches Engagement abhängt. Eine Antwort ergibt sich nur, wenn die Konstitution von Handeln im demokratischen Nationalstaat expliziert wird.[2]

Intellektuelles Räsonnement und soziologische Begriffsbildung

In vielfältiger Weise begründen die Verfechter, weshalb ein Grundeinkommen eingeführt werden solle; unter dem Schlagwort kursieren die verschiedensten Konzepte. Teils liegen sie nahe beieinander, teils widersprechen sie sich. Auch werden Vorbilder benannt, wie der *Alaska Permanent Fund* oder der *Basic Income Grant* in Namibia, deren Eigenheiten jedoch dabei schnell aus den Augen verloren werden. Historische Vorläufer werden bemüht, um aufzuzeigen, wie alt die Idee schon sei. Gemeinsamkeiten diverser Vorschläge werden betont und Differenzen übergangen.[3] Insofern überrascht es nicht, dass selbst Vorschläge, die ausdrücklich Bedingungen wieder einführen, dennoch davon sprechen, sich

---

[2] Wenig Resonanz hat die Diskussion bislang in den Sozialwissenschaften gefunden. Zwar gibt es mehr und mehr Abschlussarbeiten und Dissertationen, die sich mit dem Thema beschäftigen. Grundlagenforschung hingegen, die dazu beitragen könnte, die Voraussetzungen eines Grundeinkommens weiter auszuleuchten, wird so gut wie keine betrieben. Auch wenn sie nichts zur Frage über *tatsächlich eintretende* Veränderungen durch ein Grundeinkommen beitragen könnte – was manche noch immer erhoffen, die glauben, die offene Zukunft durch Rechensimulationen oder Prognosen ergründen zu können –, so lassen Befunde aus der rekonstruktiven und interpretativen Sozialforschung immerhin Schlussfolgerungen darauf zu, ob ein Grundeinkommen autonomiefördernd oder -hemmend wirken würde.
[3] Mit dem Gestus mancher Skeptiker und Kritiker, es handele sich um eine alte Idee, soll die gegenwärtige Debatte in ihrer Brisanz offenbar entschärft werden. Dem entspricht auch die geringe Bereitschaft, sich des Vorschlags in der Breite seiner Auswirkungen anzunehmen.

als ein bedingungsloses Grundeinkommen zu verstehen.[4] Die mangelnde Differenzierung ist wohl auch der Grund, weshalb nur selten konsequent zwischen einem Transfer von der Wiege bis zur Bahre und einem in Gestalt einer Steuergutschrift bei Unterschreitung einer Mindesteinkommenshöhe (Negative Einkommenssteuer) unterschieden wird (MITSCHKE 2000). Wir kommen auf den Unterschied, der systematisch entscheidend ist, später zurück. Dass sich solch konträre Vorschläge unter einem Schlagwort zu versammeln in der Lage sind, rührt von seiner mangelnden Präzision. Das Attribut ‚bedingungslos' ist kein wissenschaftlicher Begriff, es wirft Missverständnisse auf.

Für die öffentlich-politische Debatte wiegen diese Missverständnisse nicht schwer. Sie lebt von suggestiven, prägnanten Schlagworten oder Slogans, nur mit ihrer Hilfe können Gestaltungsvorschläge und Kritik an Bestehendem genügend deutlich herausgestellt werden. Auch Parteien bedienen sich ihrer, wie uns jede Wahl lehrt. Vorschläge, die zu neuen Ufern führen sollen, die eine Gefolgschaft gewinnen wollen, müssen sich konturiert vom Bestehenden abheben und sich zugleich zu ihm ins Verhältnis setzen. Erst so wird sichtbar, weshalb sie eine Alternative darstellen können. Prägnante Schlagworte müssen suggestiv, nicht aber präzise im wissenschaftlich analytischen Sinn sein. Von dieser Seite betrachtet, können die Befürworter eines bedingungslosen Grundeinkommens einen Erfolg für sich verbuchen, gerade weil der Vorschlag mit basalen Überzeugungen bestehender Sicherungssysteme bricht. Es geht bei dieser Einkommensgarantie nicht mehr – wie noch in den achtziger Jahren und in weiten Teilen der internationalen Grundeinkommensdiskussion – um eine Ersatzleistung für den Ausfall von Erwerbseinkommen.[5] Die Einkommensgarantie soll dauerhaft verfügbar sein, von der Wiege bis zur Bahre. Weshalb diese Form der Gewährung der Sache nach von so großer Bedeutung ist, wird zu klären sein.

Wer öffentlich einen Vorschlag propagiert, reagiert entweder auf ein virulentes Problem, um dessen Deutung schon gestritten wird, oder er versucht, eine solche Diskussion per Argumentation herbeizureden, weil die Problemlage zwar bestimmbar, sie aber noch nicht ins öffentliche Bewusstsein getreten ist. Ein solches Handeln wird auch als intellektuelles Räsonnement bezeichnet. Weder

---

[4] Das ist z.B. der Fall beim Entwurf einer *Grünen Grundsicherung* von Thomas Poreski und Manuel Emmler (PORESKI/EMMLER 2006): „Die Ausbezahlung der Kindergrundsicherung ist gekoppelt an den Besuch eines anerkannten Halbtagskindergartens (ab dem 3. Lebensjahr), sowie bei schulpflichtigen Kindern an den Schulbesuch im Inland."

[5] Hier setzt das Basic Income Earth Network (BIEN 2009) teils andere Kriterien an als das Netzwerk Grundeinkommen. Bei BIEN lautet das zweite Kriterium, das ein Basic Income von gegenwärtigen Transfereinkommen unterscheidet: „it is paid irrespective of any income from other sources". Daraus folgt, dass eine Gewährung nach dem Prinzip einer Negativen Einkommensteuer nicht einem Basic Income entspricht. Anders auf der Website des Netzwerk Grundeinkommen (2009), vgl. FN 28.

entspricht es bloß wissenschaftlicher Argumentation, die darauf zielt, methodisch diszipliniert einen Gegenstand in seiner Eigenheit zu explizieren, noch politischem Handeln, das immer nach Macht, also nach einem Amt streben muss, um eine Problemlösung gestalten und auch durchsetzen zu können (OEVERMANN 2001b).[6] Intellektuelles Räsonnement teilt mit Wissenschaft, dass es der Logik des besseren Arguments verpflichtet ist. Es unterscheidet sich von ihr darin, eine Sache nicht um der Erkenntnis selbst willen zu rekonstruieren, sondern die Rekonstruktion einer Problemlage mit einem praktischen Vorschlag zu ihrer Lösung zu verbinden und ihn zu propagieren. Diese Orientierung an der Res Publica, an den für ein Gemeinwesen relevanten Herausforderungen, die es zu bewältigen gilt, teilt das intellektuelle Räsonnement mit politischem Handeln: Es zielt auf praktische Veränderung, nicht aber durch das Anstreben von Macht in Gestalt eines Mandats oder Amts, das zu gestalten erlaubt. Gerade dies, nicht auf ein Amt zu zielen, macht es unabhängig von einer für politisches Handeln notwendigen Mehrheitsbildung, es macht es frei davon, Kompromisse bilden zu müssen, wie es für politisches Handeln konstitutiv ist.[7] Intellektuelles Räsonnement ist Agens der Öffentlichkeit in einem demokratischen Gemeinwesen, seine Unabhängigkeit ist konstitutiv dafür, dass es gelingen kann.[8] Durch scharfe, durchaus auch polemisch-zuspitzende Argumentation trägt es zur öffentlichen Meinungsbildung bei.[9] Öffentlichkeit wird manifest, wenn sich Bürger als Bürger

---

[6] Erstaunlich genug ist es, wenn dieser Umstand, Macht anzustreben, als solches schon kritisiert wird. Ohne Macht, ohne ein Amt also, das einem Gestaltungsmöglichkeiten gibt, könnte es Politik nicht geben.

[7] Genau diese Eigenheit, keine ins Detail ausgestalteten Modelle samt Umsetzungswegen vorzuschlagen, wird intellektuellem Räsonnement von denjenigen vorgehalten, die in so genannten Denkfabriken politische Beratung betreiben. Sie hingegen verwechseln Räsonnement mit Politikberatung und Politikberatung allzu leicht mit technokratischer De-Autonomisierung politischer Praxis. Denn ‚Experte' für politisches Wollen kann nur der Souverän sein; das sind die Bürger, nicht die Berater.

[8] Es lässt sich leicht ausmalen, was mit dieser Unabhängigkeit geschieht, wenn Intellektuelle sich der Macht andienen oder aufgrund ihrer Werthaltung beginnen, parteipolitisch zu agieren. Sie geben dadurch ihre Unabhängigkeit auf und sind der Mehrheitsbildung sowie den Mehrheitsentscheidungen der Partei verpflichtet. Folgerichtig müssen ihre Vorschläge in das tagespolitische Geschäft sich einpassen und Kompromisse eingehen. Intellektuelles Räsonnement und politisches Handeln operieren eigenlogisch, und das ist notwendig, damit sich beide entfalten können. Eine Vermengung führt zu einer Schwächung beider.

[9] Diese für die öffentliche Auseinandersetzung notwendige Zuspitzung wird von manchen als zu wenig moderierend erachtet: „So geführt, und sei es auch nur in Gedanken, bilden und zeichnen sich in der jüngeren (linken) Debatte um das (bedingungslose) Grundeinkommen doch eher die Umrisse einer Bürgerkriegsordnung ab als jene einer produktiven Diskursformation ab" (LESSENICH 2009: S. 8). Lessenichs „Expertise" ist in vielerlei Hinsicht weniger eine Expertise als eine Strategieempfehlung an die SPD, wie der Autor offen mitteilt. Die teils heftigen Argumente der Befürworter wie die ebenso heftigen der Kritiker eines bedingungslosen Grundeinkommens sind offensichtlich – das räumt Lessenich ein – zum einen damit zu erklären, dass der Vorschlag tiefsitzende Überzeugungen ins Mark trifft und deswegen auf beiden Seiten zu vehementen Stellungnahmen Anlass gibt; zum anderen tendieren Diskussionen in Deutschland nicht selten zu einem Fundamentalismus, der nicht hart in der Sache und ihrer argumentativen Darlegung, sondern hart in der Belehrung des Gegenübers ist. Deswegen aber den Konflikt zu meiden, würde die öffentliche Auseinander-

austauschen und streiten. Diese Dynamik öffentlicher Argumentation evoziert eine ständige Präzisierung der Argumente. In der Logik von Propositio und Oppositio folgt auf jede Stellungnahme eine Erwiderung.

Im Unterschied zum pragmatischen Umgang mit sprachlicher Genauigkeit in der öffentlich-politischen Debatte sind die Anforderungen an sie, wenn es um wissenschaftlich tragfähige Begriffsbildung geht, rigide. Ihre Aufgabe ist es, allgemeine Gesetzlichkeiten und Konstitutionsbedingungen auf den Begriff zu bringen. Ein Begriff soll sie in abgekürzter Form in sich aufnehmen. Von daher ist eine ständige Klärung und Schärfung der Begriffe ihre Aufgabe; sie ist also work in progress, stets darauf gerichtet zu prüfen, ob die Begriffe der Sache angemessen sind. Der Lebenspraxis erscheint die Wissenschaft deswegen als umständlich, penibel, weltfremd – diese Weltfremdheit ist notwendig, um zu analytisch scharfer Begriffsbildung gelangen zu können, in Absehung von praktischen Zwecken. In der Praxis, in konkreten Beziehungsgefügen, werden sprachliche Ungenauigkeiten durch den Verwendungszusammenhang ausgeglichen, er hilft Bedeutungslücken aufzufüllen. Die Wissenschaft aber zielt darauf, kontextunabhängig Zusammenhänge zu explizieren; sie muss deswegen nach Genauigkeit streben.[10]

Bedingungslos, Bedingungslosigkeit?

Es mag widersprüchlich klingen, nach der Bedingtheit eines bedingungslosen Grundeinkommens zu fragen, doch, erinnern wir uns der schon eingeführten Unterscheidungen oben, dann erscheint die Frage in einem anderen Licht. Die Forderung nach einem bedingungslosen Grundeinkommen ist als solche eine praktische, sie hat einen praktischen Sinn, denn sie richtet sich gegen die bestehende Ordnung der Sicherungssysteme. Welcher Sinn ist es nun, den das Attribut bedingungslos hier haben kann?

Vergleichen wir es mit anderen Attributen, die in der gegenwärtigen oder auch in früheren Diskussionen genannt wurden, wie z.B. „garantiert" oder

---

setzung behindern, wie gerade an der Grundeinkommensdiskussion beobachtet werden kann, die heute sachlicher geführt wird als noch vor zwei Jahren.
[10] Es ist keine seltene Erscheinung, dass Begriffe aus der Wissenschaftssprache in die öffentliche Debatte Eingang finden und dort zu Schlagworten werden. Dass Begriffe rezipiert werden, zeugt vom Interesse der Öffentlichkeit, auf dem Stand der wissenschaftlichen Ergebnisse zu argumentieren. Wissenschaften, die in ihrer Begriffsbildung nah an praktische Debatten heranrücken oder es gar für ihre Aufgabe halten, in sie hineinzuwirken, haben immer wieder als Stichwortgeber für politische Konzepte gedient („Flexicurity", „aktivierende Sozialpolitik", „Workfare", „Überflüssige" usw.). Auf tragfähige Begriffsbildung wird um der praktischen Wirkung willen verzichtet.

„allgemein", dann fällt eines auf. Durch das Attribut „bedingungslos" wird eine Unabhängigkeit des Einkommens von anderem, seine Unbedingtheit herausgehoben. Das Grundeinkommen soll also verfügbar sein, ohne dass Bedingungen für seinen Bezug erfüllt werden müssen. Wie ist das zu verstehen? Es leuchtet sofort ein, dass es eine Bedingungslosigkeit im strengen Sinne nicht geben kann; das wissen auch die Befürworter eines bedingungslosen Grundeinkommens, wenn sie den Aufenthaltsstatus in einem Land oder die Staatsbürgerschaft des Landes als solche Bedingung angeben.[11] Eine weitere Bedingung, die erfüllt sein müsste, damit es ein Grundeinkommen geben kann, ist eine Verfügbarkeit von Gütern und Diensten, die über einen abstrakten Tausch mit Geld vermittelt werden, und von diesem Geld dann das Gemeinwesen abschöpfen kann, um das Grundeinkommen bereitzustellen. Dass diese Bedingung erfüllt sein muss, ist auch von den Kritikern immer wieder vorgebracht und gegen das Grundeinkommen gewendet worden (z.B. BUSCH 2005, SPD 2009).[12] Denn, wie könne denn eine solche Umverteilung sichergestellt werden, wenn ein Einkommen allen Bürgern ohne Gegenleistung zugesichert werde. Daran schließt sich sogleich der Einwand an, ein solches Einkommen sei ungerecht, weil die einen, die arbeiten, die anderen, die nicht arbeiten, finanzieren. An diesem Einwand sind Werthaltungen und Deutungen von politischer Vergemeinschaftung abzulesen: Bedingungen dafür, dass ein Gemeinwesen bestehen kann wie familiale Fürsorge,

---

[11] Eine solche Bedingung wird auch von denjenigen genannt, die sich gegen die Bindung des Grundeinkommens an Bedingungen aussprechen, wie z.B. Ronald Blaschke. Er hat das in einer Diskussion damit begründet, dass eine solche Bedingung den Menschenrechten widerspreche und deswegen das Grundeinkommen seinem Zweck entfremde, die Menschenrechte zu verwirklichen. Gleichwohl hat auch er eine Bedingung angegeben, und zwar eine Mindestaufenthaltszeit. Strittig ist also allenfalls die Reichweite der Bedingung. Um die bedingte Bedingungslosigkeit weiß auch LESSENICH: „Als staatsbürgerschaftlich gerahmte Teilhabegarantie ist auch das „bedingungslose" Grundeinkommen strukturell exklusiv im Sinne eines systematischen Ausschlusses aller Nicht-Mitglieder vom Genuss dieses staatsbürgergemeinschaftlichen Kollektivguts." (2009: S. 15). Der Widerspruch, den er dann zwischen der Universalität der Bedingungslosigkeit und der Eingeschränktheit des Bezieherkreises konstatiert, ist ein notwendiger, der erst dann aufgehoben wäre, wenn es eine Weltgemeinschaft samt Weltregierung gäbe, in der keine Innen-Außen-Abgrenzung mehr bestünde, die Gemeinschaft also mit der Gattung Mensch zusammenfiele.
[12] LESSENICH (2009: S. 18) weist darauf hin, dass die Redeweise, mit einem solchen Grundeinkommen würden Arbeit und Einkommen entkoppelt, nicht ohne weiteres einleuchte: „Letztlich und genau genommen geht es also bei der (vermeintlichen) „Entkoppelung von Arbeit und Einkommen" in Gestalt des Bedingungslosen Grundeinkommens um das in gewissem Sinne technische Problem der Aufhebung bzw. auch nur der Lockerung des Nexus von Erwerbsarbeitsleistung und Transfereinkommensanspruch auf Individualebene." Weder ist es ein technisches Problem, das hier im Zentrum steht, noch eine Lockerung des Nexus, es geht dabei um die Transformation der Rechtfertigungsstruktur des Einkommensbezuges. Fragt man danach, wie Handeln sich rechtfertigen muss, welchen Normen es zu entsprechen hat, dann geht es bei dem Schlagwort der Entkopplung von Arbeit und Einkommen um die Aufhebung des normativen Erwerbsideals. Insofern vollziehen die gegenwärtigen Sicherungssysteme auch nicht, wie Lessenich meint, den Schritt einer solchen Entkopplung. Sie befestigen vielmehr das Erwerbsideal, weil die Transferleistungen Ersatzleistungen bleiben. Selbst für Erwerbsunfähige gilt, dass sie sich vor dem Ideal zu rechtfertigen haben, müssten sie sich sonst keiner Bedürftigkeitsprüfung unterziehen.

Freiwilligenengagement und vor allem die Loyalität der Bürger zur politischen Ordnung, werden stillschweigend vorausgesetzt, statt sie in die Betrachtung einzubeziehen. Würden sie einbezogen, wäre deutlich, dass in einem Gemeinwesen eine Abhängigkeit aller von allen besteht, und zwar notwendig, auch der Erwerbstätigen von denen, die nicht erwerbstätig sind. Auf diesen Zusammenhang zielt der Begriff der Arbeitsteilung, an den sich auch Götz W. Werners Argumentation anschließt, dass Fremdversorgung das bestimmende Prinzip des Leistungsaustauschs ist (WERNER 2007, HARDORP 2008).

Ein Gemeinwesen ist, wie daraus folgt, eine Solidargemeinschaft. Das führt uns zu einer Bedingtheit des Grundeinkommens, die zugleich eine Einschränkung mit sich bringt: dass ein solches Gemeinwesen nur für sich selbst legitimiert ist, über die Einführung eines Grundeinkommens zu befinden, nicht aber über andere richten kann. Das Grundeinkommen ist also an eine Vergemeinschaftung gebunden.[13]

Zeigen uns diese Überlegungen nicht, dass es unsinnig ist, überhaupt noch an dem Attribut „bedingungslos" festzuhalten, wenn doch all diese Bedingungen erfüllt sein müssen? Als wissenschaftlicher Begriff eignet es sich keinesfalls, das wird hieran schon deutlich, aber hat es damit auch schon als Schlagwort für die öffentliche Diskussion seine Untauglichkeit bewiesen?

Bei aller berechtigten Kritik an einer suggerierten absoluten Bedingungslosigkeit müssen wir doch im Auge behalten, wogegen sich das Attribut in der politisch-öffentlichen Diskussion von Anfang an gerichtet hat: Gegen die Bedingungen, nach denen Transferleistungen als Ersatzeinkommen bei Einkommensausfall aus Erwerbstätigkeit (Arbeitslosengeld I und II, Sozialgeld, Rente) gewährt werden. Es richtet sich also gegen die zur Inanspruchnahme heute verfügbarer Leistungen durchgeführte Bedürftigkeits- oder Anspruchsprüfung. Die Stoßrichtung der Kritik, die mit dem Attribut „bedingungslos" vorgebracht wurde und wird hat einen bestimmten Sinn, so ist sie meist auch rezipiert worden. Wäre aber mit der Abschaffung der Bedürftigkeitsprüfungen für dieses Mindesteinkommen erreicht, worum es beim Grundeinkommen geht? Zumindest lässt sich eines schon sagen. Im Unterschied zur Rede von einem „garantierten" oder „allgemeinen" Grundeinkommen, die beide ihrer sprachlichen Bedeutung nach nicht ausschließen, dass es eine Bedürftigkeits- oder Anspruchsprüfung geben kann, spricht das Attribut „bedingungslos" sich ausdrücklich gegen solche Prüfungen aus. Die Grundsicherung für Arbeitsuchende

---

[13] Selbst wenn diese Vergemeinschaftung nicht mehr die Gestalt des Nationalstaats hätte, dann bliebe das Konstitutionsprinzip erhalten. Diskussionen über eine globale Einführung des Grundeinkommens, über transnationale Demokratie oder ähnliches tendieren dazu, diese Voraussetzung zu übergehen, zu unterschlagen oder gar für rückständig zu erklären.

gegenwärtigen Zuschnitts kann durchaus als allgemeines bzw. garantiertes Grundeinkommen bezeichnet werden, denn sie stellt ein Mindesteinkommen bereit sowie zusätzliche Sachleistungen, wenn die Gewährungsbedingungen erfüllt sind. Insofern ist die sprachliche Zuspitzung der Forderung nach einem ‚bedingungslosen' Grundeinkommen treffend.[14]

Zur Bedingtheit der Bedingungslosigkeit

Bislang ist herausgearbeitet worden, weshalb der Vorschlag eines bedingungslosen Grundeinkommens in der öffentlichen Debatte eine Sache zwar durchaus treffend zuspitzt und diese Zuspitzung dort praktisch sinnvoll ist. Das Attribut „bedingungslos" richtet sich unmissverständlich gegen die Verknüpfung von individuellem Transferleistungsanspruch und Erwerbstätigkeit. Nun gilt es herauszuarbeiten, weshalb dennoch im grundlegenden Sinne von einer Bedingtheit des Grundeinkommens gesprochen werden muss. Damit ist nun nicht gemeint, dass das Ideal einer Bedingungslosigkeit in der Wirklichkeit nur begrenzt realisierbar wäre, dem Ideal die unvollkommene Realität gegenüberstünde. Es geht vielmehr darum, dass die Bedingtheit gar nicht hintergehbar ist, wenn wir nach den Bedingungen der Möglichkeit eines bedingungslosen Grundeinkommens fragen. In der Bedingtheit kommt zum Ausdruck, dass die Autonomie der Lebenspraxis, damit aus der Entscheidungs- und Handlungsfähigkeit auch eine Wirklichkeit werden kann, konstitutiv einer Vergemeinschaftung bedarf.

Im Unterschied zur suggestiven Prägnanz intellektuellen Räsonnements verlangt also eine wissenschaftliche Betrachtung des Grundeinkommens eine konstitutionstheoretisch tragfähige Klärung. Sie muss beinhalten, was die Autonomie der Lebenspraxis auszeichnet, die das Grundeinkommen fördern will, unter welchen Voraussetzungen sie sich überhaupt nur entfaltet, und zuletzt, in welchem Verhältnis dazu der praktische Vorschlag eines Grundeinkommens steht.

---

[14] Darin besteht auch ein Unterschied der gegenwärtigen Debatte zur der in den achtziger Jahren. Kritiker haben auf die relative Bedingungslosigkeit mancher gegenwärtiger Transferleistungen hingewiesen (SCHÄFER 2006: S. 305) wie Kindergeld oder Bafög, auch der Steuerfreibetrag wird manchmal genannt. Sie unterscheiden sich von einem bedingungslosen Grundeinkommen jedoch grundsätzlich. Das Kindergeld wird nur solange bereitgestellt, bis die Erwerbsfähigkeit erlangt bzw. eine erste Anstellung erreicht ist. Dasselbe gilt für Bafög, das nur erhält, wer sich in Ausbildung oder Studium befindet. Der Steuerfreibetrag wiederum greift nur für denjenigen, der Einkommensteuer zahlt.

Politische Vergemeinschaftung

Eine triviale, aber in der Diskussion kaum berücksichtigte Bedingung dafür, dass es ein Grundeinkommen geben kann, ist das Bestehen einer Gemeinschaft von Gleichen, von Staatsbürgern, die sich selbst regieren, in der das Verhältnis zwischen Individualinteresse und Gemeinwohl sowohl vom Einzelnen selbst als auch vom Gemeinwesen stets von neuem austariert werden muss. Während der Einzelne dies für sich im alltäglichen Entscheiden oder auch im Vollzug von schon auf ihm übergeordneter Ebene getroffener Entscheidungen bewältigen muss (LOER 2006) – in einem „täglichem Plebiszit" (RENAN 2003) – steht ein Gemeinwesen mit jeder verbindlichen legislativen Entscheidung vor dieser Aufgabe. Bei aller Legitimität der Entscheidungen treffenden Organe der Selbstregierung muss dennoch für diese Entscheidungen um die Gefolgschaft der Bürger geworben werden, denn die Entscheidungen bilden nie den Willen aller ab. Auch ist nicht ohne weiteres evident, worin ihre problemlösende Bedeutung liegt. Die Diskussion um eine private Altersvorsorge hat gezeigt, mit wie viel Aufwand die Befürworter die umlagenfinanzierte Rentenversicherung erst für bruchreif erklären mussten, damit die staatlich geförderte ‚Riester Rente' eingeführt werden konnte.

Diese Gefolgschaftssuche ist zum einen Ausdruck einer permanenten Rechtfertigungsverpflichtung, die wir in den täglichen Nachrichten beobachten können, wenn Amtsinhaber erklären, weshalb Entscheidungen so und nicht anders getroffen wurden. Diese Verpflichtung erwächst aus der Legitimation von Herrschaft durch den Souverän. Selbst der Hinweis auf Sachzwänge oder darauf, dass es keine Alternativen gebe, ist noch Ausdruck dieser Rechtfertigungsverpflichtung. Zum anderen werden Entscheidungen nur dann praktisch wirksam, wenn die Bürger sich mit ihnen identifizieren. Ein Gemeinwesen muss also in die Loyalität seiner Angehörigen vertrauen, es muss sich auf sie verlassen und dennoch um sie werben. Werden Entscheidungen, die bislang als bewährt galten, strittig, beginnt die Gefolgschaftssuche von Neuem und kann auch dazu führen, bewährt geglaubte Lösungen aufzugeben. Seit Jahren wird über Politikverdrossenheit in Deutschland geredet und vielfach ist schon darauf hingewiesen worden, dass die Diagnose keineswegs zutrifft, selbst bei Jugendlichen das Interesse nicht im Allgemeinen abgenommen hat. Dass darüber so viel diskutiert wird und dies teils in einer kultur- bzw. politikpessimistischen Haltung geschieht, ist allerdings ein Phänomen. Ein solcher Verdruss, wo er denn vorliegt, kann sehr wohl Reaktion auf das Ausbleiben tragfähiger Lösungsvorschläge sein. Er kann genauso gut auch Ausdruck einer Selbstentmündigung sein, die, statt beim Ausbleiben solcher Vorschläge selbst aktiv zu werden, sich im Klagen einrichtet.

Eine solche Haltung entspricht einer dauerhaften Verantwortungsdelegation, die sich dadurch fortzeugt, auf der einen Seite das Ausbleiben tragfähiger Lösungen zu kritisieren, auf der anderen Seite genau das als Begründung dafür zu nehmen, sich nicht selbst zu engagieren. Welchen Anteil an solchen Debatten eine mediale Inszenierung hat, sei dahingestellt.

Gleichheit und Freiheit waren durch die Geschichte hindurch bestimmende Momente von Gemeinwesen, wenn sie auch einem erheblichen Deutungswandel unterlagen. Sie wandelten sich mit dem Gerechtigkeitsentwurf der jeweiligen Gemeinwesen, demzufolge Ungleichheit gerade durch eine spezifische Deutung von Gleichheit und Freiheit gerechtfertigt wurden. Es galten bestimmte Bedingungen, denen zu Folge jemand zu den Freien und Gleichen gehörte. Daran hat sich bis heute nichts geändert, wenngleich sich die Bedingungen von partikularen zu universalistischen gewandelt haben. Bürger ist heute, wir sprechen hier von den demokratischen Nationalstaaten, nicht, wer vom „Erwerb des Lebensnotwendigen" frei ist, wie es noch bei Aristoteles heißt (RIEDEL 1992: S. 673 f.). Bürger und im hier relevanten Sinne Staatsbürger, also Angehöriger mit allen Rechten und Pflichten, ist, wer im Land geboren ist oder wessen Eltern selbst Staatsbürger des jeweiligen Landes schon waren. Trifft weder das eine noch das andere zu, dann kann die Staatsbürgerschaft auf anderem Wege erworben werden. Staatsbürgerschaft ist in demokratischen Nationalstaaten, wie hieran gesehen werden kann, nicht mehr von Eigentum, Geschlecht oder Abstammung abhängig.[15]

Staatsbürgerschaft und politische Vergemeinschaftung

Mit dem Staatsbürgerprinzip ist die Volkssouveränität direkt verbunden, d.h. die Angehörigen eines Gemeinwesens regieren sich selbst, in dem sie Verantwortung in Wahlen delegieren. Damit entledigen sie sich dieser Verantwortung nicht, wie die Kritik daran suggeriert, die Bürger könnten nur alle vier Jahre Einfluss auf politische Entscheidungen nehmen. Die Wahl ist nur ein – wenn auch herausgehobenes – Mittel der Artikulation des politischen Willens. Neben

---

[15] Die Unterscheidung zwischen jus sanguis und jus soli evoziert leicht das Missverständnis, als sei das letztere das moderne, das erstere hingegen das archaische Prinzip, da es Status über Blutsverwandtschaft weitergibt. Weitergegeben werden jedoch nicht angeborene Merkmale oder partikulare Privilegien, sondern die Staatsbürgerschaft als universalistischer Status. Das jus soli verweist noch darauf, so kann es gedeutet werden, dass es immer einer dauerhaft bestehenden Vergemeinschaftung bedarf, damit ein Gemeinwesen fortbestehen kann und es nicht durch Rechtssatzung alleine entsteht. Zur jeweils konkreten Praxis eines Gemeinwesens verhält sich die Staatsbürgerschaft als Rechtsstatus wie ein Abstraktum, das mit Leben gefüllt werden muss.

den Wahlen, die auf verschiedenen Ebenen (Kommune, Land, Bund) stattfinden und so stets von Neuem Einflussnahme ermöglichen, gibt es darüber hinaus die öffentliche Auseinandersetzung durch intellektuelles Räsonnement oder auch die ihm verwandten Bürgerinitiativen, die sich für spezifische Zwecke einsetzen, von der Umgestaltung von Fußgängerzonen, über die Errichtung von Spielplätzen bis zur Regelung von Flugbewegungen an Flughäfen. Sie alle bringen zum Ausdruck, was für ein Gemeinwesen konstitutiv ist und deswegen oft als Staatsbürgerpflicht bezeichnet wurde: Kritik und Engagement. Die Klage darüber, nur in einem bestimmten Turnus wählen und damit Einfluss nehmen zu können, entspricht nicht einer tatsächlichen Machtlosigkeit der Bürger, wie immer wieder zu hören ist. Sie lässt vielmehr deutlich erkennen, wie schwach das Bewusstsein davon ausgebildet ist, durch öffentliches Engagement Einfluss nicht nur nehmen zu wollen, sondern auch zu müssen. Kritik als Staatsbürgerpflicht gründet nicht in einer moralischen Verpflichtung, die dem Einzelnen Sonderleistungen abfordert. Sie ist konstitutiv für ein Gemeinwesen, das in seinen Entscheidungen stets Kompromisse zwischen verschiedenen Interessen der Bürger finden muss. Kritik dient also dazu, die Verletzung oder Vernachlässigung von Interessen im Sinne des Gemeinwohls zu artikulieren. Konflikt im Sinne einer sachlichen und durchaus polemischen Auseinandersetzung ist konstitutiv für eine Demokratie und nicht ein zu vermeidendes Übel.

Als politischer Wille, das sei hier präzisiert, kann nicht nur der Wille gelten, der sich ausdrücklich artikuliert. Das würde dazu führen, dass Verantwortung für Geschehnisse in einem Gemeinwesen nur diejenigen hätten, die sich als ausdrückliche Unterstützer oder Befürworter zu erkennen geben. Diejenigen, die die Verhältnisse tolerierten, würden von der Verantwortung entlastet, sich für eine Veränderung aktiv einzusetzen z.B. durch Kritik oder zumindest Gefolgschaftsverweigerung. Nun wird man hier einwenden, dass dies durchaus zur Gefährdung des eigenen Lebens führen und insofern doch nicht unter allen Umständen erwartet werden könne. Für nationalstaatliche Demokratien gilt dieser Einwand jedoch nicht, da sie sich auf die Möglichkeit öffentlicher Auseinandersetzung stützen und diese schützen. Darüber hinaus aber gilt der Einwand nicht einmal ohne weiteres für diktatorische Regime. Es fallen einem sogleich Beispiele aus der nicht zu fernen Vergangenheit ein wie das Dritte Reich oder die kommunistischen Staaten des Ostblocks. Die historische Forschung hat gezeigt, dass es selbst im Dritten Reich Möglichkeiten gab, subversiv zu wirken, oder gar Befehle zu verweigern, ohne dass dies Folgen für Leib und Leben gehabt hätte (HILBERG 1992, BROWNING 1993). Auch für die DDR ist bekannt, dass Bemühungen der Stasi oft erfolglos blieben, z. B. in Schulen Schüler für die Mitarbeit zu gewinnen. Bei allen Repressionen gab es auch dort Freiräume. Ob diese Möglichkeiten ergriffen werden, hängt davon ab, ob jemand sie zu ergreifen bereit ist, selbst unter extremen Bedingungen. Kein Regime kann sich erhalten, dass nicht auf einen gewissen Legitimitätsglauben bei seinen Bürgern rechnen kann, denn auch Diktaturen müssen der strukturellen Rechtfertigungsverpflichtung nachkommen, vor denen jede Herrschaft steht, sie müssen ihre Entscheidungen im Geiste eines Gerechtigkeitsentwurfs rechtfertigen. Jede Parade anlässlich von Jahresfeierlichkeiten, wie sie in der DDR mit militärischem Pomp begangen wurden, bezeugt genau das. Repressionen gegen nicht staatskonforme Subjekte wurden immer mit Bezug darauf gerechtfertigt, dass sie eine Gefahr für das Gemeinwesen darstellten. Wir können also resümieren, dass sich in einem Gemeinwesen, auch wenn Widerstand nur unter Lebensgefahr möglich sein sollte, kein Angehöriger von der Verantwortung für Geschehenes dispensieren kann, es sei denn, er hat ausdrücklich Widerstand geleistet. Die Auskunft „Wir haben nichts davon gewusst", wie sie im Zusammenhang mit der Verfolgung der Juden im Dritten Reich nach dem Zweiten Weltkrieg als Schutzbehauptung anzutreffen war, mittels derer die eigene Verantwortung und Verstrickung rationalisiert wurde, muss immer vor dem Hintergrund betrachtet werden, was man denn hätte wissen können, wenn man es hätte wissen wollen.[16]

Politischer Wille ist also nur an den Taten eines Gemeinwesens erkennbar, nicht an der Gesinnung seiner Angehörigen, mögen sie sich in ihrem tiefsten Inneren als Widerstandskämpfer ansehen. Folglich trägt die Verantwortung für Entscheidungen des Gemeinwesens dieses immer als ganzes. Insofern hat die Wiedervereinigung 1989 erst das historische Subjekt restituiert, das die politische Verantwortung für das Dritte Reich tragen kann, da die DDR diese Verantwortung stets von sich wies (OEVERMANN 1990).

Diese Überlegungen führen uns zu einem wichtigen Argument. Der Status des Bürgers wird oft mit dem einer Mitgliedschaft gleichgesetzt. Mitglied jedoch – wie die Vorsilbe anzeigt – kann man werden oder es lassen. Auch kann eine Mitgliedschaft wieder beendet werden wie die Zugehörigkeit zu einem Verein oder einer Organisation. Das trifft für ein Gemeinwesen nicht zu, denn mindestens einem Gemeinwesen gehört man von Geburt an, Staatenlosigkeit ist eine Ausnahme. Es handelt sich, wie daran abzulesen ist, um einen umfassenden

---

[16] Wenn die deutsche Kapitulation und damit das Ende des Zeiten Weltkrieges anlässlich der Jahrestagsfeier in Deutschland 1985 vom deutschen Bundespräsidenten als Befreiung gefeiert wird, stellt sich sogleich die Frage, wer denn befreit worden sei? Die Deutschen hierin einzubeziehen, würde behaupten, sie seien Gefangene des Dritten Reiches gewesen. Auch so, in guter Absicht, kann sich der Verantwortung deutend entledigt werden, ohne dass dem Sprecher dies bewusst gewesen sein muss. Er würde uns sicher des Gegenteils versichern.

Status, der mit einem soziologischen Terminus als diffuse Sozialbeziehung zu bezeichnen ist. Die Person als ganze ist in sie involviert; alle das Gemeinwesen betreffenden Fragen sind auch Fragen des Bürgers, es gibt weder Feierabend noch Freizeit von dieser Verantwortung. Wohingegen in einer spezifischen Sozialbeziehung die Person nur als Rollenträger involviert ist.[17] Mit der Aufnahme in ein Gemeinwesen, auch wenn der Status über die Eltern vermittelt erworben wird, greift die Gemeinschaft darauf vor, dass auch ein unmündiges Kind einst autonomer Bürger sein wird und deswegen des Schutzes des Gemeinwesens bedarf. Dass Kinder diesen Status über die Eltern erwerben und nicht erst gewartet wird, bis sie in der Lage sind, die Staatsbürgerschaft selbst zu beantragen, wie es z.B. bei der Erwachsentaufe in der Täuferbewegung der Fall ist, zeigt uns noch ein anderes Moment von Vergemeinschaftung. Gemeinwesen bestehen generationsübergreifend, sie sind selbstverständlich auf die Zukunft gerichtet. Entscheidungen müssen sich also stets auch vor den zukünftigen Generationen rechtfertigen.

Politische Verantwortung für Vergangenes und Zukünftiges zu tragen setzt also ein Gemeinwesen voraus, das sich seine Geschichte als Resultat von Entscheidungen immer wieder vergegenwärtigt. Das geschieht in den verschiedensten Formen, dem Bau von Denkmälern, Gedenkstätten, Museen, an Gedenktagen, die rituell an eine Verantwortung erinnern. Aber auch in der politischen Diskussion für und wider einen Vorschlag zur Lösung eines Handlungsproblems finden sie Eingang. Lebendig ist das alles aber nur, wenn es eine Bindung der Bürger an das Gemeinwesen gibt. Damit eine solche Bindung entstehen kann, bedarf es wiederum einer Sesshaftigkeit im Gemeinwesen; mit ihr ist die Entscheidung getroffen, wo der Lebensmittelpunkt sein soll, an welchen Normen und Gebräuchen sich ein Leben orientieren will und vor denen es sich dann zu verantworten hat. In der Regel liegt eine solche Bindung auf so selbstverständliche Weise vor, dass wir sie uns nur schwer bewusst machen können; am einfachsten tritt sie einem vor Augen nach einem Aufenthalt in einer fremden Kultur. Er ruft in einem spontane Reaktionen hervor, die einen daran erinnern, wie selbstverständlich sich Entscheidungen an Normen des Heimatlandes orientieren und wie sehr man über Normdifferenzen sich wundert, das Fremde einem

---

[17] Diese Unterscheidung ist nicht ontologisch, sondern strukturlogisch gemeint. Diffuse Sozialbeziehungen sind elementare, umfassende Sozialbeziehungen. Sie sind an eine konkrete Person gebunden, von ihr nicht ablösbar und auf Dauer angelegt. Die Person ist immer als ganze thematisch. Spezifische hingegen sind von der Person ablösbar und auf einen bestimmten Zweck gerichtet. Die Person ist immer nur auf diesen Zweck hin thematisch und nicht als ganze Person involviert. Rechtfertigen muss sie sich in ihnen nur bezüglich des spezifischen Zwecks, nicht aber als ganze Person. Siehe PARSONS (1954: S. 160, 360) und OEVERMANN (1999, 2000).

fremd erscheint. Diese Bindung bildet sich im Zuge der Sozialisation heraus, da der Bildungsprozess zum autonom handlungsfähigen Individuum immer in Auseinandersetzung mit einer konkreten Welt geschieht, mit ihren konkreten Normen, Sitten und Konventionen. Er vollzieht sich durch die familiale Gemeinschaft, in der das Individuum als ganze Person involviert ist einerseits, durch die politische Gemeinschaft der Bürger, auch vermittelt über die Eltern, die dieser Gemeinschaft angehören, andererseits. Sie deuten die Handlungsmöglichkeiten stellvertretend für ihre Kinder bis diese dazu selbst in der Lage sind und sich im Zuge der Adoleszenz in Auseinandersetzung mit den Normen des Gemeinwesens und den Lebensentwürfen der Eltern von ihrem Elternhaus ablösen (OEVERMANN 2004). Lebensentwürfe antworten hierbei auf generationsspezifische Handlungsprobleme. Dem Bildungswesen kommt dabei ebenfalls eine bedeutende Aufgabe zu. Die Ablösung durch die Bewältigung der Adoleszenzkrise vollzieht erst den Schritt vom Familienangehörigen zum autonomen Bürger; ihr Gelingen entscheidet auch darüber, wie gefestigt die Bindung an das Gemeinwesen ist. Das Selbstverständnis eines Gemeinwesens, wie es in den in ihm geltenden Normen und in den Deutungsmustern dazu, was diese Gemeinschaft auszeichnet, zum Ausdruck kommt, stellt das Deutungsreservoir dar, an dem sich im Prozess der Sozialisation das Verständnis von Autonomie bildet. Man bedenke nur, wie selbstverständlich in der Schweiz die Volksabstimmung verankert ist und wie sich in Deutschland noch immer mit Händen und Füßen dagegen gewehrt wird. Lehrreich war hierfür gerade die jüngste Entscheidung des Schweizer Souveräns, mit der ein allgemeines Verbot für den Bau von Minaretten befürwortet wurde. Manche Politiker und in den Medien präsente Aufklärer in Deutschland wollten diese unerwünschte Entscheidung damit erklären, dass die Schweizer Bürger durch die Kampagnen für das Verbot ,verführt' worden seien. Außerdem, so andere, spreche gerade diese Entscheidung gegen die Einführung von Volksentscheiden in Deutschland, da die Bürger für populistische Stimmungen anfällig seien. So wird aus dem Souverän, an den gerade noch appelliert wurde, das Objekt volkspädagogischer Belehrung. Ganz gleich wie eine Entscheidung ausfällt, sie ist vom Souverän getroffen worden und stellt ein klares Votum dar. Auf seiner Basis lässt sich dann viel leichter öffentlich debattieren, denn schließlich hat man es mit einer tatsächlichen Willensbildung der Bürger zu tun und nicht mit einer der zweifelhaften Meinungsumfragen, auf die sich in Deutschland Entscheidungsträger häufig berufen. Auch wäre als Kontrast zum deutschen Selbstverständnis Frankreich anzuführen, das sich als Grande Nation begreift, während in Deutschland all zu schnell die Nation im hier genannten Sinne aufgegeben und an ihre Stelle transnationale, politisch jedoch unsouveräne Gebilde wie die Europäische Union und die Vereinten Nationen gewünscht werden. Oder man nehme gar das Phänomen, aufgrund des Misstrauens in den Nationalstaat nicht die Volkssouveränität, sondern die Menschenrechte als oberste Quelle politischer Legitimation zu betrachten.

Loyalität der Bürger im Sinne der Bereitschaft, sich für ein Gemeinwesen mit seiner konkreten Geschichte einzusetzen, lässt sich nicht erzwingen. Das Vertrauen in die Loyalität ist Voraussetzung dafür, dass ein Gemeinwesen überhaupt bestehen kann. Würde versucht, durch Zwang diese Bindung zu erreichen, untergrübe dies genau die Voraussetzungen, die für Loyalität unerlässlich sind: Freiwilligkeit und Selbstbestimmung der Bürger. Die Staaten des Ostblocks sind hieran zugrunde gegangen. Sie misstrauten ihren Bürgern und bestimmten das Gemeinwohl auf der Basis einer abstrakten Idee. Der antifaschistische Schutzwall, der die DDR, so die Behauptung, vor den Bedrohungen des Westens schützen sollte, war auf der nach innen gerichteten Seite gefährlicher als auf der nach außen gerichteten. Ein Gemeinwesen, das soweit geht, Leib und Leben der eigenen Angehörigen zu bedrohen, wenn diese nicht mehr mit ihm übereinstimmen, zerstört seine eigene Legitimationsbasis. Der Zusammenbruch war somit die Konsequenz aus diesem Misstrauen in die Bürger, überraschen kann dabei nur, wie lange es gebraucht hat, bis es soweit kam.[18]

Vergemeinschaftung und Bürgerrechte

Weil das Bestehen einer Vergemeinschaftung von der Loyalität der Bürger abhängig ist, weil es zum Entstehen eines Gemeinwesens einer umfassenden Solidaritätsbereitschaft bedarf, hat die Stellung des Individuums als Staatsbürger entsprechend rechtsförmigen Charakter in Gestalt der Bürgerrechte als unver-

---

[18] Wie stark trotz allem zum einen der Legitimitätsglaube der DDR-Bürger war, zum anderen wie wenig sie sich als Bürger begriffen, zeigt sich am Verlauf des Zusammenbruchs. Die initiale Bewegung dazu ging von der Ausreise von Bürgern über Ungarn im August 1989 aus. Dann folgten Demonstrationen für größere Reisefreiheit, darauf die Gegenbewegung mit dem Motto „Wir bleiben hier", und erst Anfang Oktober hatten die Montagsdemonstrationen, die vor allem in größeren Städten stattfanden, eine Größe erreicht, die eine Fortführung bisheriger Politik unwahrscheinlich machte. Die Maueröffnung im November war eher ein Versehen, der Zusammenbruch keineswegs eine „friedliche Revolution", zur der die Ereignisse überhöht werden, denn ein Umsturz fand nicht statt. Auch von einer „Wende" zu sprechen, scheint unangemessen, würde dies bedeuten, dass sich ein Subjekt, die DDR, in eine andere Richtung gewendet hätte, das Subjekt aber erhalten blieb. Ein Blick auf das berühmt gewordene Demonstrationsmotto „Wir sind das Volk" lässt erkennen, welcher Deutung die Ereignisse folgten. Ein Volk, das schon Volkssouverän ist und sich als Legitimationsgrund politischer Entscheidungen versteht, würde niemals von der eigenen Regierung, die ihm die Anerkennung als Souverän stets verweigert hat, verlangen, sie solle die Demonstranten als Volksvertreter anerkennen. Das Motto fordert nichts, es stellt nur fest und verharrt darin, sich die Freiheit nicht zu nehmen, sondern sie sich geben zu lassen. Folgerichtig ist die Regierung Honecker und mit ihr das System nicht davongejagt, es ist nur das Personal ausgetauscht worden.

äußerlicher Rechte erhalten. Sie werden in den Verfassungen demokratischer Staaten in der Regel als geltende Rechte vorausgesetzt, die Verfassungen bekennen sich in ihrer Präambel zu ihnen. Stefan Kutzner hat darauf hingewiesen, dass das Deutsche Grundgesetz, im Unterschied zu anderen Verfassungen in Europa, die Bürgerrechte in ihrer Geltung nicht voraussetzt und sich nicht zu ihnen bekennt, sondern sie durch ihre Aufnahme in die Verfassung in Gestalt der Grundrechte erst schafft. Damit werden sie in ihrer Geltung vom Gemeinwesen abhängig gemacht (KUTZNER 2004). Das heißt aber, ihre Geltung steht nicht über der Verfassung, die Integrität des Individuums wird nicht mehr als Voraussetzung politischer Vergemeinschaftung erachtet, sie wird stattdessen erst durch die Verfassung geschaffen, wie im Artikel 1, Absatz 1 („Die Würde des Menschen ist unantastbar …") zum Ausdruck kommt. Damit widerspricht das Grundgesetz seinen eigenen Voraussetzungen. Um in Geltung treten zu können, setzt es schon die Souveränität der Bürger, die sich politisch vergemeinschaften, voraus. Erst durch ihre Loyalität wird die Verfassung lebendig. Sicher lässt sich diese Besonderheit des Deutschen Grundgesetzes aus den historischen Umständen herleiten. Das ändert allerdings am Befund gar nichts, dass die Integrität des Individuums durch die Betonung der Bürgerrechte als Grundrechte gerade ins Gegenteil verkehrt wird. So geht die politische Vergemeinschaftung nicht mehr dem Recht voraus, vielmehr entsteht sie durch Rechtssatzung. Auf diese Weise belegt das Grundgesetz ein eigentümliches Misstrauen des Souveräns in sich selbst.[19]

Wir wirkmächtig diese Selbstdeutung ist, zeigt sich an der Kunstinstallation im nördlichen Lichthof des Reichstagsgebäudes in Berlin. Nach einer Entscheidung des Deutschen Bundestages am 12. September 2000 ist dort ein Kunstobjekt installiert worden: „Im Lichthof wurde ein 21x7 m großer flacher Kasten installiert, aus dessen Mitte in weißen Leuchtbuchstaben die Worte DER BEVÖLKERUNG nach oben strahlen. Der Schriftzug ist von allen Etagen des Gebäudes aus zu lesen, vom Plenarsaal, von der Presse- und Fraktionsebene und von den Besuchern auf dem Dach. Er bezieht sich auf die 1916 am Westportal des Reichstagsgebäudes angebrachte Inschrift DEM DEUTSCHEN VOLKE" (Deutscher Bundestag 2002). Es handelt sich um eine Anpflanzung, die mit Erde aus der Heimat der Bundestagsabgeordneten gefüllt wurde und weiterhin werden soll. Was ist hier gestaltet worden, was sagt diese Installation über das Selbstverständnis des deutschen Gemeinwesens aus?

---

[19] In der Verfassung der Französischen Republik z.B. findet sich das Bekenntnis zu den Menschenrechten in der vorangestellten Präambel.

Zur Bevölkerung gehören alle Menschen, die ihren Wohnsitz in Deutschland haben. Die Differenzierung zwischen Staatsbürgern und Nicht-Staats-Bürgern einzureißen, wie es der Begriff „Bevölkerung" vornimmt, kommt einer Verleugnung ihrer Stellung gleich. Verstärkt wird diese Verleugnung noch durch den Ort, an dem sie stattfindet: im Deutschen Bundestag, dessen Mitglieder die Interessen des Volkes, der Bürger, und erst mittelbar darüber diejenigen anderer zu wahren haben. Nun tritt diese Installation mit der anderen Widmung „Dem Deutschen Volke" in Dialog, sowohl durch den Ort der Installation als auch der grammatischen Form wegen. Sinnvoll ist dies nur, wenn der Begriff „Volk" für zu eng befunden wird und erweitert werden soll. Auch Nicht-Staatsbürger werden in die Widmung einbezogen. Entgegen ihrer wohl beabsichtigten ausgleichenden Wirkung wiederholt die Widmung „Der Bevölkerung" die obrigkeitsstaatliche Bürgerverleugnung, die in der ursprünglichen Form enthalten ist. Verändert wurde nur der Adressat, nicht aber die Struktur der Adressierungshandlung: die Widmung. Wie der Kaiser den Reichstag „dem deutschen Volke" widmen konnte, weil er seine Legitimation nicht von ihm bezog, widmet nun das Volk ihn wiederum der Bevölkerung, die jedoch nicht als Bevölkerung im Bundestag repräsentiert ist. Indem der Volkssouverän, vertreten durch seine Abgeordneten, diese Widmung vornimmt, setzt er sich zum einen dem Volk gegenüber, dem er nur dann etwas widmen kann, wenn er seine Legitimation nicht von ihm bezieht. Zum anderen wird durch den Adressat der Widmung die Stellung der Bürger dementiert.[20] Dass es zu der Installation überhaupt gekommen ist, belegt trefflich, wie wenig ausgeprägt das Selbstverständnis, eine politische Vergemeinschaftung von Bürgern zu sein, in Deutschland ist.[21]

Recht setzt sich, um zum Ausgangspunkt zurückzukehren, nicht selbst in Geltung und sorgt nicht selbst für seine Wirksamkeit; dazu bedarf es einer Vergemeinschaftung, die sich das Recht gibt und ihm folgt – ohne Gefolgschaft bliebe es folgenlos und ohne die Vergemeinschaftung wäre das Recht nicht gesatzt worden. Die im Naturrecht formulierten unveräußerlichen Rechte stellen, auch wenn sie als Rechte bezeichnet werden, gerade keine Rechtsnormen im eigentlichen Sinne dar, sie gehen diesen vielmehr voraus und fundieren ihre Geltung. Sie kodifizieren diejenigen Momente von Lebensführung, die sich im Zuge des abendländischen Rationalisierungsprozesses als konstitutive Momente

---

[20] Ganz anders das Lincoln Memorial in Washington D.C. zur Ehrung Abraham Lincolns, das die Bürger der Vereinigten Staaten von Amerika errichteten. Ironisch genug, dass während der Widmungszeremonie weiße und schwarze Amerikaner strikt getrennt wurden (Encyclopedia Britannica 2005, Eintrag „Lincoln Memorial").
[21] Dem fügt sich auch die Analyse eines Zeitungsartikels, der sich zum bedingungslosen Grundeinkommen äußert und die politische Vergemeinschaftung mit einer Wohngemeinschaft vergleicht (LIEBERMANN 2009b: S. 170 ff.).

lebenspraktischer Autonomie herausdifferenziert haben. Sie sind also Ausdruck einer Säkularisierung der Lebensführung und damit auch von Herrschaft.[22]

Die Wirkung des Rechts steht und fällt also damit, nicht bloß geachtet und toleriert, sondern auch getragen und verteidigt zu werden. Nur wenn das der Fall ist, kann ein Gemeinwesen auch Nicht-Staatsbürgern einräumen, in ihm zu leben, ohne ihm anzugehören, ohne also die Rechtsordnung zu tragen, sondern sie nur zu achten. Die dauerhafte Bindung, das, was Loyalität auszeichnet, ist konstitutionstheoretisch unerlässlich, sie ist die Bedingung der Möglichkeit dafür, dass es ein Gemeinwesen geben kann. So erklärt sich auch, weshalb eine Einbürgerung, wenn auch heute häufig ein formaler Akt, der Sache nach nichts Formales ist. Die Verleihung der Bürgerrechte transformiert die Position einer Person; erst durch sie entstehen Rechte und auch Pflichten, wo zuvor nur Rechte, wenn auch eingeschränkte, waren. Die Position des Staatsbürgers ist also eine umfassende, ganz im Sinne einer diffusen Sozialbeziehung. Staatsbürger haben als solche weder Feierabend noch Ferien, Erwerbstätige sehr wohl. Es gibt keine Frage des Gemeinwesens, zu der Staatsbürger nicht Stellung zu beziehen haben – auch Duldung ist eine Stellungnahme. Das unterscheidet Staatsbürger von anderen Personen, die im Land leben. Die Verleihung der Bürgerrechte schafft aber nicht unmittelbar eine Bindung. Erst durch sie wird die Staatsbürgerposition auch lebenspraktisch gefüllt. Im Unterschied zu Bürgern, die im Gemeinwesen ihre Sozialisation durchlaufen haben und deren Familien wiederum schon über Generationen in ihm sesshaft sind, müssen sich Zuwanderer in die konkrete Praxis eines Gemeinwesens erst einfinden, müssen ihr Leben erst als Leben in dieser Praxis erfahren. Das geschieht durch die Ausrichtung von Lebensentscheidungen an den Möglichkeiten und Wirklichkeiten einer konkreten Praxis. Zuwanderer haben ihre Sozialisation in einem anderen Land, d.h. in einer anderen normativen Ordnung, durchlaufen, haben in diesem Bildungsprozess Bindungen an die jeweilige normative Ordnung ausgeformt. Deswegen ist es von erheblicher Bedeutung für die Sesshaftwerdung, in welchem Alter die Zuwanderung erfolgt. Geschieht sie vor der Adoleszenzkrise, führt das dazu, dass die Adoleszenz im Zuwanderungsland durchlebt und ein Lebensentwurf in ihm ausgeformt wird, während eine Zuwanderung nach der Adoleszenz zur Folge hat, dass ein Zuwanderer schon einen Lebensentwurf mitbringt. Wer

---

[22] Das Bekenntnis zu den unveräußerlichen Rechten durch eine politische Vergemeinschaftung macht erst mit den abstrakten Menschenrechten ernst. Letztere erhalten erst dadurch ihre Geltung. Durch die Anerkennung der Bürgerrechte als unveräußerliche Rechte durch eine Gemeinschaft, durch diese Verpflichtung eines Gemeinwesens auf die Bürgerrechte, werden sie erst folgenreich für ein Gemeinwesen. Wir können dies auch so ausdrücken, dass erst durch eine partikulare, eine deutliche Innen-Außen-Abgrenzung kennende Gemeinschaft, die universalen Rechte als Rechte wirksam werden. Deswegen ist heute der „status of citizenship" (MARSHALL 1950: S. 19 ff., zit. nach LOER 2009: S. 84) von entscheidender Bedeutung.

wiederum im Zuwanderungsland, in das die Eltern migriert sind, geboren ist oder aufwächst, für den vollzieht sich die Sozialisation entlang der Möglichkeiten und des normativen Konsenses des Zuwanderungslandes. Bei allen Unterschieden, die sich für diese drei Konstellationen ergeben, stehen alle drei jedoch vor dem Handlungsproblem, die Normen des Herkunftslandes und die des Zuwanderungslandes in ihrer Lebensführung zur Synthese zu bringen.

Wir können hier also resümieren: Eine Bindung an das Gemeinwesen, in dem die Sozialisation sich vollzieht, liegt so selbstverständlich vor, dass wir sie uns kaum bewusst machen. Die Ontogenese kann deshalb auch als Prozess der Krisenbewältigung betrachtet werden, die immer zugleich Erneuerung eines Gemeinwesens ist, weil sie eine solch basale Bindung schafft (OEVERMANN 2004). Autonom handlungsfähig wird ein Individuum also nur in und durch konkrete Vergemeinschaftung.[23] In der politischen Vergemeinschaftung des demokratischen Nationalstaats ist das Individuum als Bürger und Angehöriger des Souveräns Geltungsquelle von Herrschaft. Die Bürgerrechte bringen zum Ausdruck, welche Stellung der Bürger hat. Es handelt sich, wie wir gesehen haben, beim Bürgerstatus um einen umfassenden.[24] Es gibt keine Fragen von öffentlichem Interesse, von deren Beantwortung sich die Bürger freimachen können. Erst durch dieses umfassende Involviertsein wird das Gemeinwesen ein Solidarverband.

Was eine politische Vergemeinschaftung konstituiert, muss nun keineswegs im Selbstverständnis einer Vergemeinschaftung auch Ausdruck finden. Wir haben dies anhand des Grundgesetzes der Bundesrepublik Deutschland und der Installation im Deutschen Bundestag gesehen. Die Selbstdeutung eines Ge-

---

[23] Sehr klar in dieser Hinsicht ist schon Georg Wilhelm Friedrich Hegel in seinen Grundlinien der Philosophie des Rechts (1970: S. 398, § 257 ff.). In eine ganz andere Richtung weisen überwiegend die grundeinkommenskritischen Beiträge in NEUENDORFF et al. (2009) mit Ausnahme von Andreas Peter. Er hebt zwar speziell auf das republikanische Moment an der politischen Gemeinschaft ab, doch ist er der Auffassung, dass es dem Grundeinkommen gerade entgegensteht. Grund dafür ist Peters beinahe ausschließliche Bezugnahme auf die libertäre Argumentation Philippe Van Parijs'. Zu den wenigen Autoren, die das Republikanische am Grundeinkommen hervorheben, gehören u.a. ULRICH OEVERMANN (2001c), CAROLE PATEMAN (2004) und PETER ULRICH (2008).

[24] Auf diesen Zusammenhang weist auch folgendes Phänomen hin. Bürger der DDR, die noch kurz vor der Maueröffnung in den Westen geflohen sind, die also die späte Möglichkeit zu einer Entscheidung gegen die DDR und für die Bundesrepublik Deutschland ergriffen haben, lassen in Interviews eine größere Distanz zur DDR erkennen als diejenigen, die bis zuletzt geblieben sind. Erstere haben sich entschieden, einen anderen Weg zu gehen und damit ausdrücklich bekundet, nicht weiter in der DDR leben, also auch für das Gemeinwesen keine Verantwortung übernehmen zu wollen. Diejenigen, die dort geblieben sind hingegen, haben bis zum Mauerfall Loyalität bekundet, sei es auch nur durch Duldung. Mit dem Zusammenbruch der DDR und der Wiedervereinigung wurde ausgesprochen, dass die DDR kein lebensfähiges Gemeinwesen war. Wer aber in ihr aufgewachsen und seinen Lebensentwurf darin ausgebildet hatte, sah sich nun mit einer Entwertung seiner Lebensüberzeugungen konfrontiert. Diejenigen, die noch vor der Maueröffnung geflohen sind, haben diese Entwertung selbst vollzogen, sie ist ihnen nicht widerfahren. Der Schritt zur Flucht war ein Befreiungsakt. Vgl. FISCHER et al (2002, 2003).

meinwesens und seine Konstitution können weit auseinanderklaffen. Darauf weisen auch die in der öffentlichen, aber genauso selbstverständlich in der sozialwissenschaftlichen Diskussion verbreiteten und als selbstverständlich zutreffend vorausgesetzten Schlagworte hin, die besagen, demokratische Nationalstaaten seien ‚Arbeits-' oder auch ‚Erwerbsgesellschaften'.[25] Dabei wird schon am Umstand, dass die Bürgerrechte nicht als Erwerbstätigenrechte verliehen und sie auch nicht bei Arbeitslosigkeit verwirkt werden, erkennbar, dass das Schlagwort die elementaren Zusammenhänge nicht trifft. Einzig wird mit der Selbstbezeichnung als Arbeitsgesellschaft die Erwerbszentrierung der Sicherungssysteme und die spezifische Deutung, dass ein Gemeinwohlbeitrag vor allem durch Erwerbsarbeit erbracht wird, treffend ausgedrückt. Als analytisch-wissenschaftlicher Begriff jedoch reproduziert die Rede von der ‚Arbeitsgesellschaft' unreflektiert die Selbstdeutung eines Gemeinwesens, das sich als Gemeinschaft von Bürgern konstituiert, darüber aber kein Bewusstsein hat.

Wir haben nun ausführlich dargelegt, weshalb ein bedingungsloses Grundeinkommen von der Seite der Konstitution politischer Vergemeinschaftung her immer ein bedingtes ist. Nun ist der Boden bereitet, um die Idee eines bedingungslosen Grundeinkommens daraufhin zu betrachten, wie es sich zur Konstitution politischer Vergemeinschaftung verhält.

Politische Vergemeinschaftung und ‚bedingungsloses Grundeinkommen'

Wie nun stellt sich das Verhältnis von politischer Vergemeinschaftung, die im demokratischen Nationalstaat Ausdruck erhalten hat, und bedingungslosem

---

[25] Auch in der differenzierten Darlegung von Stephan Lessenich wird davon wie selbstverständlich ausgegangen: „Man sollte beide Seiten [Erwerbstätigkeit und nicht erwerbsförmige Tätigkeiten, SL] nicht gegeneinander ausspielen wollen: Wir leben in einer Gesellschaft, die durch und durch Erwerbsgesellschaft ist, aber ihren Charakter als solche erkennbar verändert." (LESSENICH 2009: S. 14). Treffend müsste es heißen: Wir leben in einer Gemeinschaft von Staatsbürgern, die sich – entgegen der wirklichen Verhältnisse – noch immer als ‚Erwerbsgesellschaft' deutet. Folgerichtig taucht in seiner Darstellung der Bürger-Status auch nur als Rechts-Status im Zusammenhang mit universellen Rechten kurz auf, um in der Folge der Abhandlung wieder verloren zu gehen. Ähnlich auch in der Stellungnahme der Grundwertekommission der SPD: „Dass die Bundesrepublik auch in absehbarer Zeit eine Arbeitsgesellschaft ist und sein wird, dass also Erwerbsarbeit maßgeblich über die gesellschaftliche Zugehörigkeit und die Lebens- und Beteiligungschancen der Menschen entscheidet, wird von vielen Befürwortern – in der ersten Debattenrunde während der 1980er Jahre – nicht bestritten." (SPD 2009: S. 6). Zur Stellungnahme der Grundwertekommission beim SPD-Vorstand könnte manches an dieser Stelle gesagt werden, ist sie voller Klischees darüber, was mit einem Grundeinkommen zu befürchten steht. Getragen wird die Darstellung – von Argumentation zu sprechen, wäre zu viel – von einer entschiedenen Werthaltung, wie sie auch in der hier zitierten Passage zu erkennen ist. Ähnlich sind auch die Darlegungen bei Albrecht Müller 2005, Hilmar Schneider et al 2006, der Arbeitsgruppe Alternative Wirtschaftspolitik 2007, Christoph Butterwegge 2007, Klaus Dörre (MDR Figaro 2009). Auch die Veröffentlichungen der Friedrich Naumann Stiftung von Kerstin Funk (2009) und Peter Atmiks (2009) teilen diese Haltung, wenn auch mit anderem Akzent.

Grundeinkommen (bGE) dar? Was lässt sich darüber sagen, wie ein Grundeinkommen ausgestaltet sein müsste, um in einem Passungsverhältnis zur Konstitution von Vergemeinschaftung zu stehen?

Als erstes, weil aus den bisherigen Darlegungen unmittelbar hervorgehend, müsste die Gewährung an die Staatsbürgerschaft gebunden werden, denn die Staatsbürger in ihrer Stellung als Legitimationsquelle politischer Ordnung würden dadurch um ihrer selbst und der Gemeinschaft willen gewürdigt. So gestaltet, setzt ein bGE – als Individualtransfer für Erwachsene und Kinder gleichermaßen – im Unterschied zu heute keinen geltend zu machenden Bedarf voraus, es wäre keine Ersatz- oder Ausgleichsleistung für den Fall mangelnden Erwerbseinkommens; es leitete sich nicht von den Menschenrechten her, sondern von der Stellung der Bürger im Gemeinwesen.[26] Auf diese Weise gestaltet, würde die Solidargemeinschaft der Bürger als solche befestigt, weil ein Grundeinkommen ausdrücklich machte, dass in einer Solidargemeinschaft alle aufeinander angewiesen sind. Alle Angehörigen müssten es erhalten, um diesem Zweck zu entsprechen, ganz gleich, ob sie es brauchen oder nicht.[27]

Die Gewährung zu jeder Zeit, die keine Gegenleistung und keine Bedarfsfeststellung verlangt, unterscheidet das bedingungslose Grundeinkommen von allen Formen von Transferleistungen, die kompensatorisch wirken, die deswegen Ersatzleistungen darstellen, also Ausnahmen von der Regel bilden. Selbst die Bereitstellung eines Mindesteinkommens nach dem Prinzip der Negativen Einkommensteuer, einer Ersatzleistung in Form einer Steuergutschrift, stellt noch einen Bedarf fest (MITSCHKE 2000). Ob er besteht, kann erst nach Ablauf eines definierten Zeitraums – z.B. eines Monats, eines Quartals, eines Jahres – festgestellt werden. Damit bleibt das Ideal aufrechterhalten, über Erwerbsarbeit ein Einkommen zu erzielen – und nachzuweisen, wenn das nicht der Fall ist. Auch wenn der Weg hierfür eine einfache Steuererklärung sein könnte, so muss der Betreffende sich doch *erklären*, er muss also rechtfertigen, weshalb er eine

---

[26] Das Grundeinkommen wird häufig von den Menschenrechten abgeleitet, das wirft aber folgende Probleme auf. Die Menschenrechte als Abstraktum sind wirkungslos, es sei denn, ein Gemeinwesen bekennt sich zu ihnen in Gestalt der Bürgerrechte. Darüber hinaus würde eine Herleitung aus den Menschenrechten die Folge haben, dass Staaten, die die Menschenrechte anerkannt haben, von der Staatengemeinschaft zur Einführung eines Grundeinkommens gezwungen werden müssten. Das aber kollidiert mit der Souveränität eines Gemeinwesens. Auf dieses Problem bezüglich Menschenrechte und Demokratie hat auch Ernst Wolfgang Böckenförde (1999: S. 246 ff.) hingewiesen.

[27] Genau das wird bestritten: „Es ist z.B. nicht einzusehen, warum auch vermögende Personen und ihre Angehörigen in den Genuss eines BGE kommen sollen – selbst wenn sie für die Finanzierung eines solchen BGE gemäß dem steuerlichen Leistungsfähigkeitsprinzip am meisten belastet werden sollten." (SCHÄFER 2006: S. 302 f.) Aus der Warte eines bedarfsorientierten Gerechtigkeitsverständnisses ist es konsequent, die allgemeine Gewährung zu kritisieren. Bestünde ein Wertschöpfungsproblem, das es nicht erlaubte, ein solches Grundeinkommen für alle zu finanzieren, wäre der Einwand berechtigt. Doch so argumentiert Schäfer nicht.

Transferleistung in Anspruch nehmen will oder muss.[28] Ganz anders ein bedingungsloses Grundeinkommen: es fragt weder nach Bedarf, noch wirkt es ausgleichend, es rechtfertigt sich als Bürgereinkommen.[29]

Im Unterschied zu allen Varianten eines Grundeinkommens in Form einer Negativen Einkommensteuer sieht das *Transfergrenzenmodell* von Helmut Pelzer und Ute Fischer (PELZER/FISCHER 2009) nicht vor, Einkommen mit dem bGE zu verrechnen. Die Bezieher müssen sich also in Bezug darauf auch nicht rechtfertigen. Das Grundeinkommen ist eine eigenständige Einkommensquelle. Damit nicht zu verwechseln ist der Fall, dass ein Grundeinkommensbezieher, bilanziert man Einnahmen durch Grundeinkommen und Abgaben durch Steuern, insgesamt mehr Steuern bezahlen kann, als er Grundeinkommen erhält. Er ist dann Nettozahler.[30] Hierbei handelt es sich allerdings um einen rein rechnerischen Effekt, der den Gewährungsmodus des Grundeinkommens als eigenständige Einkommensquelle nicht antastet.

Der Modus der Gewährung – die Bedingungen, die zu erfüllen sind, um das Grundeinkommen zu erhalten – entscheidet also darüber, welche Rechtfertigungs- oder Erklärungsverpflichtung gegenüber dem Gemeinwesen entsteht. Erst die Bindung des Grundeinkommens an Staatsbürgerschaft hebt die Erklärungsverpflichtung auf.[31]

Wir haben schon gesehen, dass erst eine Gewährung für alle Bürger den stigmatisierenden Charakter von Sozialleistungen aufhebt. Solange ein bestimmtes Handeln als normativ erstrebenswert gilt, führt es kehrseitig zu einer Stigmatisierung allen Handelns, das sich dem nicht fügt. Die Wirkmächtigkeit des Ersatzleistungscharakters von Transfers beschränkt sich nicht auf die konkre-

---

[28] Dieser strukturelle Unterschied wird in vielen Konzepten nicht beachtet bzw. wird er für unbedeutend erklärt, so dass folglich auch bedingungsloses Grundeinkommen genannt werden kann, was nach der Negativen Einkommensteuer gestaltet ist. In diesem Sinne auch das *Netzwerk Grundeinkommen* (2009, Häufig gestellte Fragen), der Vorschlag einer *Grünen Grundsicherung* (2006) und das *Solidarische Bürgergeld* (Solidarisches Bürgergeld 2007).

[29] Dass auch Personen, die ihren Lebensmittelpunkt in Deutschland haben, aber sich nicht einbürgern lassen wollen, ein Grundeinkommen erhalten müssten, liegt von daher nahe. Es würde womöglich sogar die Entscheidung zur Einbürgerung fördern.

[30] Das gilt auch für die Konsumsteuer, wie sie im Film „Grundeinkommen" von Daniel Häni und Enno Schmidt erläutert wird.

[31] Ganz in diesem Sinne argumentieren Benediktus Hardorp (HARDORP 2008) und Götz Werner (WERNER 2007: S. 145 ff.) für die Konsumbesteuerung. Claus Schäfer hingegen scheint der Unterschied nicht klar zu sein, wenn er schreibt: „Schließlich verschiebt ein BGE unvermeidliche Bedürftigkeitsprüfungen lediglich auf andere Ebenen. Denn selbst mit einer »komfortablen« BGE-Höhe von etwa 1.000 Euro monatlich werden Bedürftigkeitsprüfungen in besonderen Lebenslagen zum Ausgleich von eingetretenen Schäden oder zur Vorbeugung bestimmter Risiken unvermeidlich sein, weil mit 1.000 Euro zwar der laufende Lebensunterhalt, nicht aber Krankheit und ihre Folgekosten, Scheidung, Unfall und anderes kompensiert werden können." (SCHÄFER 2006: S. 303). Je höher das Grundeinkommen ausfiele, desto weniger müssten zusätzliche Leistungen in Anspruch genommen werden, um so befreiender wäre seine Wirkung. Nur für die Leistungen, die den Betrag des Grundeinkommens überschritten, gälte Schäfers Einwand. Das Grundeinkommen selbst bliebe aber davon unangetastet.

ten Empfänger, sie drückt ein kollektiv gesetztes Ideal der Lebensführung aus und hat in diesem Sinn etwas Totalitäres. Stigmatisierend ist es nicht, weil eine Stigmatisierung explizit ausgesprochen wird (MAGNIN 2005: S. 323 ff., 347); sie resultiert aus dem normativen Ideal, das gewährten Leistungen innewohnt und ist ganz unabhängig davon, dass die Empfänger sie auch daraufhin deuten oder diese Deutung von Dritten an sie herangetragen wird.

Wie steht es nun mit weiteren Auswirkungen? Soll das bedingungslose Grundeinkommen dem Zweck dienen, die Bürger als Bürger zu stärken, dann müsste es so hoch sein, dass ein Leben auf seiner Basis, wenn auch vielleicht bescheiden, und eine Teilnahme am gemeinschaftlichen Leben möglich wären. Wie hoch das Grundeinkommen ausfällt, ist immer auch eine Frage danach, wie viel Einkommen die Gemeinschaft in Form des Grundeinkommens bereitstellen will, wie viel vom allgemeinen Steueraufkommen sie für diesen Zweck einsetzen will, und wie viel der Einzelne über Erwerbseinkommen erzielen soll. Es handelt sich um ein Teilungsverhältnis (HARDORP 2008). Diffizil ist die Bestimmung einer Höhe, die es tatsächlich ermöglicht, auf Erwerbsarbeit zu verzichten. Auch spiegeln heute erwogene Betragshöhen nicht die Kaufkraft eines Grundein-kommens in der Zukunft wider. Wie hoch es letztlich ausfällt, sagt etwas darü-ber, welche Freiräume ein Gemeinwesen seinen Angehörigen – damit diese selbstbestimmt leben können – einräumen will. Je niedriger der Betrag gemes-sen an seiner Kaufkraft, desto weniger Freiraum schafft er. Ein niedrig angesetz-tes Grundeinkommen erlaubt dann gerade nicht, auf Erwerbseinkommen zu verzichten und verhindert dadurch die Gleichstellung erwerbsförmiger und nicht-erwerbsförmiger Tätigkeiten.[32] Dieser Einwand wird zurecht gegen das Solidarische Bürgergeld (Solidarisches Bürgergeld 2007) vorgebracht und gilt gleichermaßen für alle Formen eines Mindesteinkommens, die nur Ersatzleis-tungscharakter haben. Allerdings muss auch gesagt werden, dass selbst ein niedrig angesetzter Betrag wie im Solidarischen Bürgergeld gegenüber bisheri-gen Vergabe*bedingungen* schon eine Liberalisierung bedeuten würde, sofern damit nicht ein Abbau aller darüber hinausgehenden Leistungen einherginge. Im Unterschied zum Solidarischen Bürgergeld will das FDP-Bürgergeld nicht einmal eine Abkehr von der Erwerbszentrierung der Sicherungssysteme errei-chen (FUNK 2009, ATMIKS 2009).

---

[32] Man erkennt dieses Ungleichgewicht leicht daran, dass nicht-erwerbsförmige Tätigkeiten zu gar keinen oder so gut wie keinen Rentenversicherungsansprüchen führen. Die Anrechnung der ‚Kinder-erziehungszeit' auf Rentenanwartschaften bezieht sich in der deutschen Rentenversicherung maximal auf die ersten 36 Monate ab dem zweiten Lebensmonat eines Kindes. Mehrfachanrechnungen sind zwar möglich, das Prinzip bleibt aber bestehen, dass Erziehung nicht als der Erwerbsarbeit gleichge-stelltes Engagement bewertet wird (SGB VI, § 56). Bis in die Behindertenförderung hinein reicht das normative Ideal der Erwerbsarbeit (SGB IX, Teil 1, Kapitel 1).

Es lässt sich leicht entwerfen, wie weitreichend die Auswirkungen eines ausreichend hohen Grundeinkommens sein können, wenn es nicht an die Stelle aller Transferleistungen tritt, sondern sie nur bis zum Betrag des Grundeinkommen ersetzt. Je höher allerdings der Betrag, desto mehr Leistungen werden durch es ersetzt.

Einige der möglichen Auswirkungen seien hier thesenartig benannt, da eine ausführlichere Darlegung andernorts geschehen ist (LIEBERMANN 2009).[33]

- Jegliches Engagement wird gleichstellt und damit die Bewertungshierarchie zwischen Erwerbsarbeit und anderen Tätigkeiten (Ehrenamt, familialer und auch nachbarschaftlicher Sorge, Bildung um ihrer selbst willen) aufgehoben.

- Ein Grundeinkommen verschafft Familien und Alleinerziehenden Sicherheit. Es legt die Entscheidung darüber, wie Eltern mit diesen Möglichkeiten umgehen, ganz in ihre Hände.[34] Damit unterscheidet es sich grundsätzlich vom heutigen Elterngeld, das Erwerbstätige gegenüber Nicht-Erwerbstätigen bevorzugt. Damit ersetzt das Grundeinkommen keineswegs eine öffentliche Infrastruktur, wie oft behauptet wird, es ist Bestandteil davon.

- Junge Erwachsene können mit einem Grundeinkommen einfacher als heute von zuhause ausziehen. Studium, Umschulung, Weiterbildung – all das ist mit einem Grundeinkommen einfacher zu bewerkstelligen.

- Das Grundeinkommen ermutigt Jugendliche dazu, ihren Neigungen zu folgen und herauszufinden, wofür sie sich interessieren. Herauszufinden, was der Einzelne will, wird zur Maxime. Dadurch nimmt das Grundeinkommen Druck vom Bildungswesen und den Lebensentscheidungen der Bürger.

- Bildung würde wieder Persönlichkeitsbildung durch Hingabe an eine Sache, Bildung einer Haltung zur Welt, Bildung als Ausdruck einer Weltaneignung im Allgemeinen. Das Grundeinkommen würde nicht nur die notwendige Muße ermöglichen, es ermunterte ausdrücklich dazu durch den einfachen Umstand, dass es verfügbar und Muße kollektiv gewünscht ist.

---

[33] Zahlreiche andere Beispiele u.a. zu Auswirkungen auf Kindesunterhalt, Erziehungs- und Jugendhilfe, Wissenschaft und Kunst finden sich auch im Blog der *Initiative Freiheit statt Vollbeschäftigung* (www.FreiheitStattVollbeschäftigung.de).

[34] Auch in diesen Fragen zeigt sich, nicht nur allerdings, wie wenig den Entscheidungen des Einzelnen getraut wird, sondern wie wenig sie auch gelten gelassen werden. Ganztagsbetreuungseinrichtungen werden selbstverständlich gegen die Betreuung in der Familie in Stellung gebracht (SPD 2009: S. 9). Wie sehr die Erfahrungsmöglichkeiten von Kindern, selbstbestimmt die Welt zu erkunden, durch eine umfassende Betreuung eingeschränkt werden, wird nicht einmal reflektiert. Dass Ganztagseinrichtungen stets mit der Vereinbarkeit von Familie und Beruf begründet werden, zeigt, welche transformierende Bedeutung ein Grundeinkommen haben könnte.

- Ein Grundeinkommen ist eine Lebensrente und lässt damit die Frage nach der Altersvorsorge in anderem Licht erscheinen. Je höher es ausfällt, desto mehr kann auf zusätzliche Vorsorge verzichtet werden.

- Die dauerhafte Verfügbarkeit des Grundeinkommens förderte Investitionen, da zur Vorsorge nichts oder nur wenig zurückgelegt werden müsste.

- Unternehmen und Mitarbeiter treten sich auf gleicher Augenhöhe gegenüber, weil durch das Grundeinkommen Verhandlungsmacht verliehen wird. Hiergegen wird eingewandt, dass bei einem erheblichen Unterschied zwischen Grundeinkommen und Erwerbseinkommen eine solche Verhandlungsmacht nicht gegeben sei (LIEBERMANN 2009a). Welche Prioritäten jemand setzt, ob ihm Statussicherung wichtiger ist als seine Freiheit, darüber befindet das Grundeinkommen nicht. Es legt die Verantwortung in die Hände des Einzelnen.

- Wertschöpfung wird zum ersten Zweck von Unternehmen erhoben, Automatisierung ist dann erstrebenswert im Unterschied zu heute, wo sie mehr als notwendiges Übel betrachtet wird.

- Bürger, die in strukturschwachen Regionen leben, können auf der Basis des Grundeinkommens dort wirken, wo sie sich beheimatet fühlen. Niemand muss, um Einkommen zu erwirtschaften, aus seiner Heimat abwandern.

- Leicht zu erdenken ist, wie das bGE sich auf den Berufs- und Pendelverkehr auswirken kann. Wer heute weite Pendelwege in Kauf nimmt, um ein Einkommen zu erzielen, wird sich das mit einem Grundeinkommen überlegen. Auch hier wirkt das Grundeinkommen mittelbar auf die Arbeitsbedingungen. Womöglich wird Heim- bzw. Telearbeit zunehmen.

- Das Grundeinkommen wirkt sich auch in Bereichen aus, die heute in der Diskussion wenig Beachtung finden. Der Sozialarbeit wird schon lange eine Professionalisierungsbedürftigkeit attestiert (VON HARRACH et al. 2000, BECKER-LENZ/MÜLLER 2008). Durch ein Grundeinkommen ändert sich daran nichts, doch zumindest sind die Klienten in einer anderen Position. Einkommenssicherung und Beratung könnten voneinander getrennt werden, denn ein Grundeinkommen haben die Klienten schon.

Anhand der Thesen sollte dargelegt werden, wie weitreichend die Auswirkungen eines Grundeinkommens sein können. Ob die durch es geschaffenen Möglichkeiten auch ergriffen würden, bliebe dem Einzelnen überlassen. Die Konsequenzen jedenfalls sind für alle sicht- und erfahrbar. Denn ein Rückgang der Erwerbstätigkeit in großem Umfang ließe die Wertschöpfung in Dienstleistungen und Gütern, deren Tausch über Geld vermittelt wird, sinken. Dann müsste auch die Höhe des Grundeinkommens sinken. Wir sehen daran, dass ein bGE zwar den Bürgern mehr Entscheidungsfreiräume schafft, als gegenwärtig bestehen. Zugleich werden ihnen damit aber auch mehr Entscheidungen zugemutet und abverlangt. Doch die Gewährung eines bGEs hängt, wie auch heutige Transferleistungen, vom Wohlergehen des Gemeinwesens ab, also auch davon, über ausreichend Wertschöpfung zu verfügen, die als bGE bereitgestellt werden kann. Dem Einzelnen bleibt mit einem bGE die Verpflichtung aufgegeben, sich zu fragen, wie er zum Wohlergehen beitragen will und kann, ohne dass jedoch, im Unterschied zu heute, kollektiv bestimmt ist, worin dieser Beitrag zu bestehen hat.

Damit steht die Idee im Gegensatz zu totalitären Vorstellungen der Gegenwart, denen zufolge die Bürger einer bestimmten Lebensführung nachstreben sollen. Wie rigide in diesen Fragen gedacht wird, zeigt sich an einer Äußerung von Bundeskanzlerin Merkel anlässlich einer Wahlkampfveranstaltung in Bremen: „Wir werden uns keinen jungen Menschen [...] leisten können, der nicht seine Chancen wahrnimmt." (Radio Bremen 2009) Das heißt in aller Konsequenz, dass er zur Wahrnehmung seiner Chancen mindestens angehalten, wenn nicht gar gezwungen werden muss. Ganz ähnlich klingt das bei der SPD Grundwertekommission im Duktus bevormundender Fürsorge: „Wer über ein gesichertes Grundeinkommen verfügt, wird leichter dem Druck in Richtung eines geringeren Verdienstes nachgeben und einer Abwertung der Erwerbsarbeit zustimmen, was wiederum die materielle Grundlage des Grundeinkommens schwächt." (SPD 2009: S. 9) Das spricht in den Augen der Kommission gegen ein Grundeinkommen. Würde hingegen eintreten, was befürchtet wird, wären die Gründe für die Bürger leicht nachvollziehbar und gäben Anlass zu öffentlichen Diskussionen. Gegen ein Grundeinkommen kann eine solche Befürchtung nur ausgelegt werden, wenn den Bürgern Entscheidungen mit solchen möglichen Folgen nicht überlassen werden sollen. Genau das soll geschehen. Selbst auf der Basis eines ausreichend hohen Grundeinkommens wird es dem Einzelnen nicht zugestanden, Arbeitsbedingungen anzunehmen, die er für angemessen hält. Sie sind, der Grundwertekommission zufolge, nur dann angemessen, wenn sie einem aus der Warte einer bestimmten Werthaltung definierten Maßstab entsprechen, über den nicht die Bürger befinden. Wer aber dann? Was wir anhand der Installation „Der Bevölkerung" ausgeführt haben, trifft also auch hier zu, dem Souverän wird die Souveränität abgesprochen.

Dass durch ein Grundeinkommen Niedriglöhne in einem ganz anderen Licht erscheinen, da die Einkommenszusammensetzung sich ändert, weil Existenzsicherungs- und Lohnfunktion voneinander getrennt werden, sei angemerkt.

Denn wenn sich Einkommen anders zusammensetzen, kann mit einem im Verhältnis zu heute relativ niedrigeren Lohn durch das Zusammenwirken von Lohn und Grundeinkommen dieselbe Einkommenssumme erreicht werden wie heute bei einem ausschließlich durch Lohn erzielten Einkommen. Ein solches Grundeinkommen würde leisten, was manche heute über Mindestlöhne erreichen wollen. Claus Schäfer sieht darin jedoch, wie die SPD Grundwertekommission, eine Gefahr: „Das BGE kann entgegen den Intentionen seiner »Erfinder« gleich mehrfach die Funktion eines Trojanischen Pferdes für eine noch weitergehendere Neoliberalisierung, Kommodifizierung und letztlich Entdemokratisierung des gegenwärtigen Gesellschaftsmodells sein." (SCHÄFER 2006: S. 303, BUTTERWEGGE 2007) Jeder Vorschlag kann in sein Gegenteil verkehrt werden, man denke nur daran, dass auch die DDR sich als demokratische Republik bezeichnete. Weshalb spricht das gegen ein Grundeinkommen? Aus dem besorgten Hinweis – oder besser: der Mahnung – wird nur dann ein Argument gegen ein Grundeinkommen, wenn die Möglichkeit einer Verkehrung der Idee verhindert werden soll. Nicht nur wird den Bürgern abgesprochen, diese Möglichkeit selbst zu erkennen, es soll ihnen gar vorenthalten werden, sich für eine Verkehrung entscheiden zu können. Wenn die Bürger eine solche Verkehrung der Idee befürworten, wie auch die Verschärfung der Sozialgesetzgebung letztlich befürwortet wurde, dann ist das ihr gutes Recht. Dies würde nicht zu einer „Entdemokratisierung" führen, wie Schäfer schreibt, sondern selbst noch demokratisch sein. Seine Haltung bezeugt vielmehr, dass er den Bürgern die Legitimation dafür abspricht, auch solche Entscheidungen treffen zu dürfen. Seine Ausführungen sehen eine Demokratisierung unter Vorbehalt vor, und zwar unter Vorbehalt dessen, dass die Bürger immer die Entscheidungen treffen, die einer bestimmten Gerechtigkeitsvorstellung entsprechen.

Autonomieförderung und -hemmung

Es sei zum Abschluss noch auf einen Einwand eingegangen, der vor dem Hintergrund der bisherigen Ausführungen zur Konstitution von Autonomie besonders weitreichend, wenngleich auch sachlich nicht gedeckt ist. Es handelt sich dabei um Implikationen der notorischen Frage danach, wer denn auf der Basis eines ausreichend hohen Grundeinkommens noch arbeiten, also: Erwerbsarbeit leisten, würde. Wir müssen sie umformulieren, um ihre Tragweite deutlich zu machen: Wer würde überhaupt noch sein Leben in die eigenen Hände nehmen und zum Gemeinwohl beitragen wollen, wenn es ein Grundeinkommen gäbe? Diesem Einwand wohnt die Vorstellung inne, Engagement und Leistungserbringung ruhten nicht auf habituellen Dispositionen, die eine Person im Zuge ihres

Bildungsprozesses ausgeformt hat. Stattdessen geht der Einwand davon aus, sie müssten über Anreize stimuliert werden.[35] Ihr gesellt sich der Einwand bei, die Menschen seien nicht ohne weiteres in der Lage, mit den durch ein bedingungsloses Grundeinkommen geschaffenen Möglichkeiten zurechtzukommen und bedürften der begleitenden Vorbereitung durch Bildung, wie auch Bildung überhaupt, so scheint es, als Voraussetzung für Demokratie erkannt wird. Schon Theodor W. Adorno hat sich über diese Haltung verwundert gezeigt: „Wohl ist Amerika nicht mehr das Land der unbegrenzten Möglichkeiten, aber man hat immer noch das Gefühl, daß alles möglich wäre. Begegnet man etwa in soziologischen Studien in Deutschland immer wieder Aussagen von Probanden wie: Wir sind noch nicht reif zur Demokratie, dann wären in der angeblich so viel jüngeren Neuen Welt derlei Äußerungen von Herrschgier und zugleich Selbstverachtung schwer denkbar." (ADORNO 1982) Mit Bildung ist bei den Skeptikern eben gerade nicht die umfassende Bildung im Bildungsprozess der Sozialisation gemeint, an deren Ende eine Haltung zur Welt gefestigt vorliegt. Bildung wird, wie in der Bildungsdiskussion im Allgemeinen, eher auf erzieherische Maßnahmen verkürzt, die durchaus verpflichtend sein sollen. So äußert sich auch Wolfgang Engler: „Nein. Es geht darum, Menschen so auszubilden, dass sie mit einem Grundeinkommen etwas für ihr Leben anzufangen wissen. In Kitas, Schulen, Familien und weiterbildenden Einrichtungen müssten Menschen für mehrere Existenzformen präpariert werden: eine, die um den Beruf kreist, und eine für ein Leben ohne Arbeit – weil Menschen nicht reinfinden in die Arbeitswelt, weil sie nicht können oder wollen [sic, SL]. Bildungsbemühungen müssen die Voraussetzung für das Grundeinkommen sein. Denn diese Menschen müssen uns, den ‚Financiers', ein Leben vorführen, mit dem wir wenigstens liebäugeln können." (MIKA/REINECKE 2006) Diese Deutung erweist sich als außerordentlich stabil und beharrlich. Ihr entspricht ein Habitus des Misstrauens, durch ihn erst wird das Deutungsmuster (OEVERMANN 2001a) so wirkmächtig.[36] Wie wir an

---

[35] In besonders kruder Form lautet die Behauptung so: „Haben sich die Parteien einmal auf die Grundsatzentscheidung für ein Grundeinkommen geeinigt, dann ist die Festlegung der Höhe nur noch eine Frage der politischen Präferenzen. Dabei gilt ein äußerst einfacher ökonomischer Zusammenhang: Ein hohes Grundeinkommen bedingt hohe Steuersätze, ein niedriges Grundeinkommen ermöglicht tiefe Steuersätze. Hohes Grundeinkommen und hohe Steuersätze verringern den Anreiz zu arbeiten, niedriges Grundeinkommen und niedrige Steuersätze verstärken den Anreiz zu arbeiten." (STRAUBHAAR 2009).

[36] Eine der jüngeren Ausdrucksgestalten, in denen sich das äußert, sind Programme zur Familienprävention in einigen Kommunen. Sie sollen dazu beitragen, schneller als bisher, überforderte Eltern von Kleinkindern ausfindig zu machen, um dann entsprechende Hilfen einsetzen zu können. Die Programme jedoch sprechen einen Generalverdacht aus. Alle Familien erhalten in den ersten Wochen nach der Geburt ein Schreiben ihrer Kommune, in dem der neue Erdenbürger begrüßt und Glückwünsche ausgesprochen werden. In diesem Schreiben wird zugleich der Termin samt Uhrzeit angegeben, zu dem eine Hebamme die Familie „begrüßt", also: inspiziert. In manchen Kommunen kann man diesen Besuch absagen, in anderen nicht. Dass diese Programme gerade die Familien, die tatsächlich überfordert sind, in der Regel nicht erreichen, räumen die dafür zuständigen Jugendämter

der Argumentation zur Konstitution von Vergemeinschaftung und Autonomie gesehen haben, kann das Anreiztheorem Handeln nicht erklären. Die Autonomie der Lebenspraxis strebt, wie in jedem Protokoll menschlichen Handelns[37] aufgezeigt werden kann, nach Selbstrechtfertigung (LOER 2006, OEVERMANN 1995). Die Lebenspraxis sieht sich von durch Regeln erzeugten Handlungsmöglichkeiten gegenüber, aus denen sie wählen und diese Wahl mit Anspruch auf Begründbarkeit treffen muss. Das ist ein anthropologisches Merkmal der Gattung Mensch. Eine Praxis, die überhaupt keine Entscheidungen mehr zu treffen in der Lage wäre, wäre leblos. Durch Anreizstimulierung kann Handeln nicht erklärt werden, ein solcher Versuch führt in einen infiniten Regress der Erklärung. Erst wenn ein Habitus, eine Haltung zur Welt, vorliegt, der bestimmte Handlungsmöglichkeiten – mehr sind ‚Anreize' nicht – als solche auch deutet, wird er Möglichkeiten ergreifen und in Wirklichkeiten transformieren. Nicht ‚Anreize', sondern autonomiefördernde oder -hemmende Handlungsmöglichkeiten entscheiden also darüber, welchen Habitus eine Person im Bildungsprozess ausformt und wie weit stabil ihre Autonomie als Erwachsener ist. Der Begriff der intrinsischen Motivierung, der diesen Aspekt des von der Person ausgehenden Handlungsimpulses psychologisch benennen will, ist noch zu ungenau. Ihm wird in der Psychologie die Möglichkeit einer extrinsischen Motivierung an die Seite gestellt. Dabei sind extrinsische Motivierungen nichts anderes als Anreize, und auch hier gilt: Handeln ist nur erklärbar, wenn wir erklären können, weshalb extrinsische Motivierungen intrinsisch aufgegriffen werden. Die ‚extrinsische' Motivierbarkeit setzt eine ‚intrinsische' konstitutiv voraus, um es in dieser Begrifflichkeit auszudrücken. Will man Handeln erklären, muss man also Handlungsvollzüge rekonstruieren. Dann sieht man, wie sehr habituelle Dispositionen (z.B. besondere Ängstlichkeit) und darüber hinaus Normen, Deutungsmuster und Konventionen darüber entscheiden, ob Handlungsmöglichkeiten als solche auch gedeutet werden (LOER 2008).

---

ohne Umschweife ein. Die Programme antworten, so die häufige Auskunft, auf öffentlichen Druck angesichts der durch die Presse gegangenen Fälle von Kindstod durch Vernachlässigung.

[37] Damit sind alle Lebensäußerungen gemeint, die entweder durch technische Aufzeichnung der Flüchtigkeit der Praxis enthoben werden (Audio- und Videoaufzeichnungen, die zur Analyse transkribiert werden) oder die durch die Praxis selbst schon auf Dauer gestellt wurden (architektonische Gestaltungen, Denkmäler, Briefe, Gesetzestexte, Kunstwerke usw.). Sie enthalten die Lebenspraxis in reichhaltiger Form und bilden das Forschungsmaterial der rekonstruktiven oder interpretativen Sozialforschung. Eine sequenzanalytische Auswertung fördert dort stets zutage, dass selbst ein traumatisiertes Individuum immer noch Selbstheilungskräfte besitzt, d.h. autonom ist. Im Verhältnis zu solchen detaillierten Auswertungen von Ausdrucksgestalten, die die Praxis selbst hervorgebracht hat, wirken die Massendaten, wie sie in der quantifizierenden Forschung und Statistik benutzt werden, blutleer. Sie sind Resultat von die Wirklichkeit verzerrenden und zurichtenden Messoperationalisierung. Da die quantitative Forschung die Sozialwissenschaften dominiert, ist es auch nicht verwunderlich, dass in Expertisen von Sozialwissenschaftlern zum Grundeinkommen der Autonomie der Lebenspraxis, die es voraussetzt, solche große Skepsis entgegengebracht wird.

Resümee

Beziehen wir, was wir bislang erreicht haben, auf die Diskussion über das bedingungslose Grundeinkommen, dann zeigt der Einwand, wer würde dann noch arbeiten, dass ihm ein spezifisches Deutungsmuster von Handeln unterliegt. Es folgt der Maxime: Wichtig ist, was kollektiv anerkannt ist; kollektiv anerkannt ist Leistung, die sich in Geld ausdrückt; also handeln Menschen nur im Sinne dieser Anerkennungsstruktur. Getragen wird dieses Deutungsmuster von einem starken habituellen Misstrauen, wie es sich vornehmlich darin äußert, sich alles, dem Gegenüber aber wenig bis nichts zuzutrauen oder zuzugestehen. Für eine soziologische Untersuchung ist dies ein besonders interessanter Befund, denn, wie wir gesehen haben, entspricht dieses habituelle Misstrauen in die anderen wie auch das vorherrschende Deutungsmuster keineswegs den Handlungsmöglichkeiten und -wirklichkeiten. Für die politische Vergemeinschaftung des demokratischen Nationalstaats ist es konstitutiv, seinen Bürgern zu vertrauen, wie es schon in der Volkssouveränität als Legitimationsquelle von Herrschaft deutlich wird. Auch werden die Bürgerrechte verliehen, ohne dass Gegenleistungsverpflichtungen definiert, noch dass ein Nicht-Handeln sanktioniert wird. Dort, wo unspektakulär und alltäglich Individuen Entscheidungen treffen, entspricht das vehemente Misstrauen nicht annähernd den Lebensvollzügen. Es steht dazu vielmehr im Gegensatz. Den Bürgern werden viele Entscheidungen abverlangt. Auch werden sie, bei allem kollektiven Konsens zur Verschärfung von Sanktionen bei Transferbeziehern, tatsächlich in einem wörtlichen Sinne nicht gezwungen. Es sind vor allem die Sicherungssysteme, die institutionell ein solches Misstrauen bezeugen, nicht aber die Grundlagen politischer Ordnung. Wir haben es bei dieser Diskrepanz also mit dem Phänomen zu tun, dass das Begreifen der Wirklichkeit hinter der Wirklichkeit herhinkt.[38] Wenn es kein Deutungsmuster zu politischer Vergemeinschaftung gibt, in dem die Bürger als Fundament des Gemeinwesens anerkannt sind, dann ist es in öffentlichen Diskussion und Begründungen für politische Entscheidungen auch nicht selbstverständlich mobilisierbar. Die öffentliche Diskussion um ein bedingungsloses Grundeinkommen setzt hieran an und sieht sich auch deswegen solch vehementen Einwänden konfrontiert.

---

[38] In diesem Sinne Johann Wolfgang von Goethe: „Es erben sich Gesetz' und Rechte/ Wie eine ew'ge Krankheit fort;/ Sie schleppen von Geschlecht sich zum Geschlechte,/ Und rücken sacht von Ort zu Ort,/ Vernunft wird Unsinn, Wohltat Plage;/ Weh dir, dass du ein Enkel bist!/ Vom Rechte, das mit uns geboren ist, /Von dem ist, leider! nie die Frage." (Faust I, Verse 1970-1979).

Literatur

ADORNO, THEODOR W. (1982 [1969]), Wissenschaftliche Erfahrungen in Amerika. Gesammelte Schriften 10.2, S. 735

Allgemeine Erklärung (1948), Allgemeine Erklärung der Menschenrechte vom 10. Dezember 1948, http://www.eduhi.at/dl/AEMR_113422511223687.pdf, abgerufen am 5. Oktober 2009

Arbeitsgruppe Alternative Wirtschaftspolitik (2007), Memorandum 2008. Neuverteilung von Einkommen, Arbeit und Macht. Alternativen zur Bedienung der Oberschicht, http://www.memo.uni-bremen.de/, abgerufen am 5. Oktober 2009

ATMIKS, PETER (2009), Liberales Bürgergeld kontra bedingungsloses Grundeinkommen, Friedrich-Naumann-Stiftung für die Freiheit, http://www.freiheit.org, abgerufen am 5. Oktober 2009

Basic Income Earth Network (BIEN), http://www.basicincome.org/bien/aboutbasicincome.html, abgerufen am 7. Dezember 2009

BECKER-LENZ, ROLAND; MÜLLER, SILKE (2008), Der professionelle Habitus in der Sozialen Arbeit. Grundlagen eines Professionsideals. Bern

BÖCKENFÖRDE, ERNST WOLFGANG (1999), Staat, Nation, Europa. Studien zur Staatslehre, Verfassungstheorie und Rechtsphilosophie, Frankfurt, S. 246-255

BROWNING, CHRISTOPHER (1998 [1993]), Ordinary Men. Reserve Police Battalion 101 and the Final Solution in Poland, New York

BSHG (1961), Bundessozialhilfegesetz, http://www.bundesrecht.juris.de/bundesrecht/bshg/gesamt.pdf, abgerufen am 5. Oktober 2009

BUSCH, ULRICH (2005), Schlaraffenland – eine linke Utopie? Kritik des Konzepts eines bedingungslosen Grundeinkommens. In: UTOPIE kreativ, H. 181 (November), S. 978-991

BUTTERWEGGE, CHRISTOPH (2007), Grundeinkommen und soziale Gerechtigkeit, in: Grundeinkommen? In: Aus Politik und Zeitgeschichte H 51-52, S. 25-30

Deutscher Bundestag (2000): http://www.bundestag.de/kulturundgeschichte/kunst/kuenstler/haacke/derbevoelkerung/index.html, abgerufen am 5. Oktober 2009

Encyclopedia Britannica (2005), Ultimate Reference Suite DVD

FISCHER, UTE LUISE; GROßER, CAROLINE; LIEBERMANN, SASCHA (2002), Die Beharrlichkeit der Deutungsmuster – Handlungsprobleme und erwerbsbezogene Deutungsmuster unter Bedingungen der Transformation in Sachsen, Journal für Psychologie 10:3, S. 249-278

FISCHER, UTE LUISE; GROßER, CAROLINE; LIEBERMANN, SASCHA (2003), Replik auf Stefan Busse „Die Beharrlichkeit der Deutungsmuster oder Warum ist Frau Kludt nicht flexibel?", Journal für Psychologie, 11:4, S. 432-443

FRANZMANN, ANDREAS; LIEBERMANN, SASCHA; TYKWER, JÖRG (Hrsg.) (2001), Die Macht des Geistes: Fallanalysen zum Strukturtypus des Intellektuellen. Frankfurt am Main: Humanities Online

FUNK, KERSTIN (2009), Bürgergeld als liberale Alternative zum bedingungslosen Grundeinkommen!, Friedrich-Naumann-Stiftung für die Freiheit, http://www.freiheit.org, abgerufen am 5. Oktober 2009

HARDORP, BENEDIKTUS (2008), Arbeit und Kapital als schöpferische Kräfte. Einkommen und Besteuerung als gesellschaftliches Teilungsverfahren. Schriften des Interfakultativen Instituts für Entrepreneurship an der Universität Karlsruhe (TH), Band 16, Karlsruhe Universitätsverlag 2008, http://digbib.ubka.uni-karlsruhe.de/volltexte/1000008461

HEGEL, GEORG WILHELM FRIEDRICH (1970 [1821]): Grundlinien der Philosophie des Rechts, Werke. Band 7, Frankfurt/M.: Suhrkamp

HILBERG, RAUL (1992), Täter, Opfer, Zuschauer. Frankfurt/M.: S. Fischer Verlag

KUTZNER, STEFAN (2004), Legitimation der Sozialstaatlichkeit: theoretisches Modell und Fallanalysen zur Durchsetzung der staatlichen Alterssicherung in Deutschland, Frankreich und der Schweiz, Habilitationsschrift, Frankfurt/M.

LESSENICH, STEPHAN (2009), Das Grundeinkommen in der gesellschaftspolitischen Debatte. Expertise im Auftrag der Friedrich Ebert Stiftung, Abteilung Wirtschafts- und Sozialpolitik (WISO Diskurs), http://library.fes.de/pdf-files/wiso/06193.pdf, abgerufen am 10. Januar 2010

LIEBERMANN, SASCHA (2002), Die Krise der Arbeitsgesellschaft im Bewußtsein deutscher Unternehmensführer. Eine Deutungsmusteranalyse. Frankfurt/M.

LIEBERMANN, SASCHA (2005), Zur Bürgervergessenheit der deutschen Reformdebatte. Eine zeitdiagnostische Betrachtung, sozialersinn, H. 1, S. 131-143

LIEBERMANN, SASCHA (2009a), Die Vielfalt der Möglichkeiten ist bestechend – Chancen durch ein bedingungsloses Grundeinkommen. In: NEUENDORFF, HARTMUT; PETER, GERD; WOLF, FRIEDER O. (Hrsg.), Arbeit und Freiheit im Widerspruch? Bedingungsloses Grundeinkommen – ein Modell im Meinungsstreit, Hamburg: VSA, S. 46-61

LIEBERMANN, SASCHA (2009b), Politische Vergemeinschaftung, Autonomie der Bürger und soziale Sicherung. Zum strukturellen Passungsverhältnis von demokratischem Nationalstaat und bedingungslosem Grundeinkommen. In: NOLLERT/KUTZNER/BONVIN (Hrsg.) (2009)

LIEBERMANN SASCHA; LOER, THOMAS (2010), „Überflüssige", „Überzählige", „Entbehrliche" – Anmerkungen zu einigen diagnostischen und konstitutionstheoretischen Verzerrungen, sozialersinn 1/2009 [i.E.]

LOER, THOMAS (2006), Zum Unternehmerhabitus. Eine kultursoziologische Bestimmung im Hinblick auf Schumpeter. Studienhefte des Interfakultativen Instituts für Entrepreneurship (IEP) an der Universität Karlsruhe (TH) Heft 3

LOER, THOMAS (2008), Über Normen – zu Begriff und Sache, nebst einigen Bemerkungen über Normalität. In: WILLEMS, HERBERT (Hrsg.), Lehr(er)buch Soziologie. Eine systematische Einführung in die pädagogische Ausbildung und Berufspraxis, Wiesbaden.

LOER, THOMAS (2009), Staatsbürgerschaft und bedingungsloses Grundeinkommen – die Anerkennung der politischen Gemeinschaft. In: NEUENDORFF/PETER/WOLF 2009: S. 84-99

MAGNIN, CHANTAL (2005), Beratung und Kontrolle. Widersprüche in der staatlichen Bearbeitung von Arbeitslosigkeit. Schriften zur sozialen Frage, Bd. 1, hrsg. von Christoph Maeder und Eva Nadei, Zürich: Seismo Verlag.

MARSHALL, T. H. (1950), Citizenship and Social Class [1950]. In: ders.; BOTTOMORE, TOM: Citizenship and Social Class, London: S. 3-51

MDR Figaro (2009), Unsichere Zeiten? – Arbeitsbiografien im 21. Jahrhundert. Sendung am 3. Mai, http://www.mdr.de/mdr-figaro/journal/6319805.html, abgerufen am 10. Januar 2010

MIKA, BASCHA; REINICKE, STEFAN (2006), Eine Revolution im Denken und Handeln. Interview mit Wolfgang Engler und Mathias Greffrath, taz Nr. 8140 vom 1.12.2006, S. 4, 347

MITSCHKE, JOACHIM (2000), Grundsicherungsmodelle – Ziele, Gestaltung, Wirkungen und Finanzbedarf. Eine Fundamentalanalyse mit besonderem Bezug auf die Steuer- und Sozialordnung sowie den Arbeitsmarkt der Republik Österreich, Baden-Baden

MÜLLER, ALBRECHT (2005), Entscheidend ist, was wächst. Produktionssteigerung bringt Arbeitsplätze, garantiert Wohlstand und sichert den Platz im internationalen Wettbewerb, Frankfurter Rundschau, 26. Juli, http://www.archiv-grundeinkommen.de/kritik/mueller.pdf, abgerufen am 5. Oktober 2009

Netzwerk Grundeinkommen (2009), Häufig gestellte Fragen, http://www.grundeinkommen.de/die-idee/fragen-und-antworten, abgerufen am 5. Oktober 2009

NEUENDORFF, HARTMUT; PETER, GERD; WOLF, FRIEDER O. (Hrsg.) (2009), Arbeit und Freiheit im Widerspruch? Bedingungsloses Grundeinkommen – ein Modell im Meinungsstreit, Hamburg: VSA

NOLLERT, MICHAEL; KUTZNER, STEFAN; BONVIN, JEAN-MICHEL (Hrsg.) (2009), Armut trotz Arbeit. Zürich: Seismo

OEVERMANN, ULRICH (1990): Zwei Staaten oder Einheit? Der ,dritte Weg' als Fortsetzung des deutschen Sonderwegs. In: Merkur 492: S. 91-106

OEVERMANN, ULRICH (1995), Ein Modell der Struktur von Religiosität. Zugleich ein Strukturmodell von Lebenspraxis und von sozialer Zeit. In: WOHLRAB-SAHR, MONIKA (Hrsg.), Biographie und Religion. Zwischen Ritual und Selbstsuche, Frankfurt/M., New York: Campus: S. 27-102

OEVERMANN, ULRICH (1999), Strukturale Soziologie und Rekonstruktionsmethodologie. In: GLATZER, WOLFGANG (Hrsg.), Ansichten der Gesellschaft: Frankfurter Beiträge aus Soziologie und Politikwissenschaft, Opladen: Westdeutscher Verlag, S. 72-84

OEVERMANN, ULRICH (2000), The analytical difference between community („Gemeinschaft") and society („Gesellschaft") and its consequences for the conceptualization of an education for European citizenship. In: ROSS, ALISTAIR (Hrsg.), Developing Identities in Europe: citizenship education and higher education. Proceedings of the second Conference of the Children's Identity and Citizenship in Europe. London, S. 37-61

OEVERMANN, ULRICH (2001a), Die Struktur sozialer Deutungsmuster – Versuch einer Aktualisierung. In: sozialersinn, H. 1, S. 35-82

OEVERMANN, ULRICH (2001b), Der Intellektuelle – Soziologische Strukturbestimmung des Komplementär von Öffentlichkeit. In: FRANZMANN, ANDREAS; LIEBERMANN, SASCHA; TYKWER, JÖRG (Hrsg.), Die Macht des Geistes, S. 13-77

OEVERMANN, ULRICH (2001c), Die Krise der Arbeitsgesellschaft und das Bewährungsproblem des modernen Subjekts. In: BECKER, ROLAND; FRANZMANN, ANDREAS; JANSEN, AXEL; LIEBERMANN, SASCHA (Hrsg.), Eigeninteresse und Gemeinwohlbindung. Kulturspezifische Ausformungen in den USA und Deutschland, Konstanz: UVK, S. 19-39

OEVERMANN, ULRICH (2004), Sozialisation als Prozess der Krisenbewältigung. In: GEULEN, DIETER; HERMANN, VEITH (Hrsg.), Sozialisationstheorie interdisziplinär – Aktuelle Perspektiven, Stuttgart 2004, S. 155-181

PARSONS, TALCOTT (1954), Essays in Sociological Theory, New York: The Free Press

PARSONS, TALCOTT (1965), Full Citizenship for the Negro American? A Sociological Problem. In: TALCOTT PARSONS und KENNETH B. CLARK, The Negro American (with a foreword by Lyndon B. Johnson), Boston, S. 709-755

PATEMAN, CAROLE (2004), Democratising Citizenship: Some Advantages of a Basic Income. In: Politics & Society 32:1, S. 89-105

PELZER, HELMUT; FISCHER, UTE (2009), Ein bedingungsloses Grundeinkommen ist bezahlbar und wirtschaftspolitisch sinnvoll – Die Finanzierung über das Transfergrenzen-Modell. In: NEUENDORFF, HARTMUT; PETER, GERD; WOLF, FRIEDER O. (Hrsg.) (2009), S. 114-134

PORESKI, THOMAS; EMMLER, MANUEL (2006), Die Grüne Grundsicherung. Ein Diskussionspapier für den Zukunftskongress von Bündnis 90/Die Grünen, Version 1.0, 7. Juni, http://www.grundsicherung.org/grusi.pdf, abgerufen am 5. Oktober 2009

Radio Bremen (2009), Angie in Bremen. Videomitschnitt einer Veranstaltung am 18. August 2009, Radio Bremen, Minute 2:58

RENAN, ERNEST (2003 [1993]), Was ist eine Nation?. In: Die Zeit – Reden: Was ist eine Nation?, http://www.zeit.de/reden/die_historische_rede/200109_historisch_renan, abgerufen am 5. Oktober 2009

RIEDEL, MANFRED (1992), Bürger, Staatsbürger, Bürgertum. In: BRUNNER, OTTO; CONZE, WERNER; KOSELLECK, REINHART (Hrsg.), Geschichtliche Grundbegriffe. Historisches Lexikon zur politisch-sozialen Sprache in Deutschland. Band 1: A–D, Stuttgart: Klett-Cotta, S. 672-725

SCHÄFER, CLAUS (2006), Bedingungsloses Grundeinkommen – Absurde Utopie oder reale Möglichkeit? In: SCHÄFER, CLAUS; SEIFERT, HARTMUT (Hrsg.), Kein bisschen leise: 60 Jahre WSI, VSA-Verlag, S. 297-311

SCHNEIDER, HILMAR; EICHHORST, WERNER; ZIMMERMANN, KLAUS F. (2006), Konzentration statt Verzettelung: Die deutsche Arbeitsmarktpolitik am Scheideweg, Forschungsinstitut zur Zukunft der Arbeit (IZA), Bonn, Diskussionspapier Nr. 2055, März, http://ftp.iza.org/dp2055.pdf, abgerufen am 5. Oktober 2009

SGB [Sozialgesetzbuch] (2007), http://bundesrecht.juris.de/sgb_12/index.html, abgerufen am 5. Oktober 2009

Solidarisches Bürgergeld (2007), hrsg. von der Thüringer Staatskanzlei, Projektgruppe Solidarisches Bürgergeld, Erfurt

SPD [Grundwertekommission beim Parteivorstand der SPD] (2009): Bedingungsloses Grundeinkommen? Geld allein genügt nicht! Sozialstaatliche Verantwortung für gesellschaftliche Inklusion, http://www.spd.de/de/pdf/2008_GWK_Grundeinkommen.pdf, abgerufen am 5. Oktober 2009

STRAUBHAAR, THOMAS (2009), Warum eine höhere Mehrwertsteuer uns retten kann, Spiegel-Online, 18.9., http://www.spiegel.de/wirtschaft/soziales/0,1518,649734,00.html, abgerufen am 5. Oktober 2009

ULRICH, BERND (2008), Der Zweck des Lebens. Warum arbeiten wir? Über das irritierende Menschenbild von Jürgen Rüttgers, in: Die Zeit, 30. April, S. 14, http://pdf.zeit.de/2008/20/Der_Zweck_des_Lebens.pdf, abgerufen am 5. Oktober 2009

ULRICH, PETER (2008), Integrative Wirtschaftsethik. Grundlagen einer lebensdienlichen Ökonomie, Bern

VON HARRACH, EVA MARIE; LOER, THOMAS; SCHMIDTKE, OLIVER (Hrsg.) (2000), Verwaltung des Sozialen. Formen der subjektiven Bewältigung eines Strukturkonflikts, Konstanz: UVK

WERNER, GÖTZ W. (2007), Einkommen für alle. Der dm-Chef über die Machbarkeit des bedingungslosen Grundeinkommens, Köln

Der Verfasser

Sascha Liebermann, Dr. phil., Studium der Philosophie, Soziologie und Psychoanalyse in Frankfurt am Main, Magister Artium in Philosophie, Promotion in Soziologie ebenda. Von 1999–2001 wissenschaftlicher Mitarbeiter, von 2001–2007 wissenschaftlicher Assistent am Lehrstuhl für Soziologie/Arbeitssoziologie (Prof. Hartmut Neuendorff) an der Universität Dortmund, seit 2010 Gastwissenschaftler an der ETH Zürich (Schweiz). Mitbegründer (2001) und Vorstand (2001–2007) des „Institut für hermeneutische Sozial- und Kulturforschung" in Frankfurt am Main und Mitbegründer der „Initiative Freiheit statt Vollbeschäftigung".

Kontakt: sascha.liebermann@udo.edu

„Wohl ist Amerika nicht mehr das Land der unbegrenzten Möglichkeiten, aber man hat immer noch das Gefühl, daß alles möglich wäre. Begegnet man etwa in soziologischen Studien in Deutschland immer wieder Aussagen von Probanden wie: Wir sind noch nicht reif zur Demokratie, dann wären in der angeblich so viel jüngeren Neuen Welt derlei Äußerungen von Herrschgier und zugleich Selbstverachtung schwer denkbar."

Adorno, Theodor W. (1982 [1969]), Wissenschaftliche Erfahrungen in Amerika. Gesammelte Schriften 10.2, Frankfurt, S. 735